Betsy Painter
**Seine wundervolle Welt**
Von majestätischen Gipfeln, wertvollem Süßwasser
und unermesslichen Ozeanen – und wie wir sie erhalten

Betsy Painter

# SEINE WUNDERVOLLE WELT

Von *majestätischen* Gipfeln, *wertvollem* Süßwasser und *unermesslichen* Ozeanen – und wie wir sie erhalten

Aus dem amerikanischen Englisch von Renate Hübsch

Illustrationen von MUTI

# SCM
## Stiftung Christliche Medien

SCM Hänssler ist ein Imprint der SCM Verlagsgruppe,
die zur Stiftung Christliche Medien gehört, einer gemeinnützigen Stiftung,
die sich für die Förderung und Verbreitung christlicher Bücher, Zeitschriften,
Filme und Musik einsetzt

© der deutschen Ausgabe 2024
SCM Hänssler in der SCM Verlagsgruppe GmbH
Max-Eyth-Straße 41 · 71088 Holzgerlingen
Internet: www.scm-haenssler.de; E-Mail: info@scm-haenssler.de

Originally published in English under the title:
*A Christian's Guide to Planet Earth.*
© 2022 by Karen Elizabeth Painter
Published by arrangement with HarperCollins Christian Publishing, Inc.

Soweit nicht anders angegeben, sind die Bibelverse folgender Ausgabe entnommen:
Neues Leben. Die Bibel, © der deutschen Ausgabe 2002 und 2006
SCM-Verlag GmbH & Co. KG, Witten.

Weiter wurden verwendet:
Elberfelder Bibel 2006, © 2006 by SCM-Verlag GmbH & Co. KG, Witten.

Übersetzung: Renate Hübsch
Lektorat: Christiane Kathmann, www.lektorat-kathmann.de
Umschlaggestaltung: Astrid Shemilt // Büro für Illustration & Gestaltung,
Innengestaltung: Kristen Sasamoto
Illustrationen: MUTI
Satz der deutschen Ausgabe: typoscript GmbH, Walddorfhäslach

Druck und Bindung: Finidr s.r.o.
Gedruckt in Tschechien
ISBN 978-3-7751-6236-4
Bestell-Nr. 396.236

Für meine Nichten Maisy, Winslow und Rosie.
Verlernt nie, über Gottes gute Schöpfung zu staunen.
Mögen wir sie euch in einem besseren Zustand hinterlassen.

# INHALT

Vorwort .......................................................... 9
Einführung ..................................................... 13

**KAPITEL 1: SÜSSWASSER**
Unsere wertvollste und knappste Ressource ....... 19

**KAPITEL 2: BEDROHTE ARTEN**
Gefährdete Pflanzen und Tiere ..................... 35

**KAPITEL 3: BERGE UND MINERALIEN**
Majestätische Gipfel und kostbare Bodenschätze ... 53

**KAPITEL 4: HIMMEL UND LUFT**
Atem und Blick in den Himmel ..................... 71

**KAPITEL 5: WALDGEBIETE**
Die verschwindenden Wälder ....................... 89

**KAPITEL 6: BODEN**
Der Wertstoff der Landwirtschaft .................. 105

**KAPITEL 7 BESTÄUBER**
Die unterschätzten Helfer .......................... 125

**KAPITEL 8 FEUCHTBIOTOPE**
Die genialen Grenzgebiete der Natur ............... 141

**KAPITEL 9 KORALLENRIFFE**
Der Unterwasserspielplatz der Erde ................ 159

**KAPITEL 10 OZEANE**
Unermessliche und geheimnisvolle Gewässer ..... 175

**KAPITEL 11 DIE POLE UND DAS GLOBALE KLIMA**
Die Zukunft unseres Planeten ..................... 193

Anmerkungen zu den Grafiken ................................ 214
Danksagungen ................................................ 216
Über die Autoren ............................................ 219
Anmerkungen ................................................. 221

# VORWORT

Es ist mir eine große Freude, das Vorwort für Betsys Buch »Seine wundervolle Welt« zu schreiben. Betsy Painter absolvierte während ihres Studiums an der Yale Divinity School ein Praktikum bei A Rocha USA, wo ich Geschäftsführer bin. A Rocha ist ein landesweiter Zusammenschluss von Christen, die sich für die Erhaltung der Artenvielfalt einsetzen und andere in ihrem Einsatz für die Schöpfung unterstützen. Betsy in unserem Team zu haben, war ein echter Segen, und wir konnten ihre Begeisterung für Gottes Schöpfung aus erster Hand miterleben.

Mit diesem Buch bietet sie ergreifende Einsichten und praktische Wege, um angesichts der großen ökologischen Herausforderungen als Christen verantwortungsbewusst zu leben. Wir beobachten die fortschreitende Zerstörung von Lebensräumen, die übermäßige Ausbeutung von natürlichen Ressourcen und Arten, die Verschmutzung der Ozeane oder den von uns verursachten Klimawandel – und das alles scheint unlösbar und zu groß, als dass wir es beheben könnten. Während die Probleme immer größer werden, werden wir erdrückt von dem Gedanken, dass wir gar nicht vernünftig darauf reagieren können, und das kann zu tiefen Ängsten führen. Ein neuer psychologischer Zustand, die sogenannte *Öko-Angst*, fördert dieses Gefühl des Untergangs und der drohenden ökologischen Katastrophe. Es sind keine Phantomsorgen, die wir mit uns herumtragen, sondern rationale Reaktionen auf unser wachsendes Bewusstsein für Umweltprobleme und unsere unmittelbaren Erfahrungen mit der Schöpfung Gottes, in der wir leben.

Zu A Rocha USA kommen häufig Menschen mit der Frage: »Was kann ich tun, um diese überwältigenden Probleme anzugehen?« Viele sind Christen, die froh sind, eine Organisation wie die unsere zu finden – einen Zweig der weltweiten Familie von A-Rocha-Organisationen, die sich seit fast vierzig Jahren in zwanzig Ländern für die Schöpfung einsetzen. Die Menschen wollen verstehen, was sie konkret tun können, um lokal und global positiv Einfluss zu nehmen. Dabei kann die erste Herausforderung schon die sein, überhaupt zu wissen, wo man anfangen soll.

»Seine wundervolle Welt« ist ein solcher Startpunkt, und zwar ein ausgezeichneter. Das Buch bietet eine Fülle an praktischen Informationen, Empfehlungen und ersten Schritten, um aktiv zu werden. Betsy Painter gibt einen hilfreichen Überblick darüber, warum und wie man anfangen sollte, der wissenschaftlich wie theologisch gleichermaßen fundiert ist.

Ein wichtiges Thema in diesem Buch – und eines, das in diesem Zusammenhang nicht oft erörtert wird – ist die Frage, wie wir als Christen die Hoffnung wachhalten können. Hoffnung nicht im Sinne eines blinden »Jetzt-erst-recht-Optimismus«, sondern aus der Zuversicht heraus, dass die Schöpfung als Ganzes in Gottes Erlösungsabsicht eingeschlossen ist. Die Vorstellung, dass sich Gottes Heil auf die *ganze* Schöpfung erstreckt, ist für viele Christen schwierig. Wir denken meist, dass es in erster Linie die Menschheit ist, die von Gottes Heil in Christus profitiert, aber es ist viel umfassender. Sicherlich ist ein gelingendes Leben der Menschen ein wichtiges Ziel der Erlösung. Doch Betsy Painter ermutigt uns dazu, unsere Vorstellungen von Erneuerung und umfassendem Wohlergehen oder Heil auch auf die nicht menschliche Schöpfung auszudehnen.

Meiner Meinung nach hilft es, uns daran zu erinnern, dass diese Welt Gottes Welt ist und dass unser Schöpfer seine Schöpfung liebt.

Wir sind eingeladen, an Gottes Erlösungshandeln teilzuhaben und einen einzigartigen Dienst in diesem Heilswerk wahrzunehmen, der der gesamten Schöpfungsgemeinschaft gilt und von der Hoffnung zeugt, dass Gott diese Welt eines Tages erlösen und seine Herrschaft auf Erden wie im Himmel aufrichten wird.

Betsy zeigt zahlreiche Wege auf, wie man sinnvoll handeln kann, um in unserem Leben und auf diesem Planeten, den wir bewohnen dürfen, etwas zu bewirken. Meine Empfehlung lautet: Such dir eine von ihren Ideen oder Vorschlägen aus, der dich anspricht, und setze ihn dann mit Begeisterung um – immer einen Schritt nach dem anderen.

*Dr. Mark Purcell*
*Geschäftsführer von A Rocha USA*

# EINFÜHRUNG

Die Erde und alles, was darauf ist, gehört dem HERRN.
PSALM 24,1

Was ist deine früheste Erinnerung an ein Erlebnis in der Natur? Viele Menschen hatten solche Erlebnisse direkt vor der Haustür. In meiner frühesten Erinnerung sitze ich an einem von Eichen und Weiden gesäumten Bach, meine Hände stecken im Matsch. Mit der Gartenschaufel meiner Mutter schaufle ich Erde auf einen Haufen – fertig ist ein Hügel für Ameisen. In das entstandene Loch im Boden streue ich Gras als Bett für Heuschrecken. Ein Doppelhaus für Ameisen *und* Heuschrecken.

Mein kindlicher Glaube, der direkt aus dem Himmel kam, färbte meine Sicht der Welt mit Staunen. Alles, was ich sah und anfasste, war von Gott gemacht: von den Steinen, die ich sammelte, bis zu den Heuschrecken, die ich mit bloßen Fingern fing. Ich war vor Freude förmlich aus dem Häuschen, dass es meine Verantwortung war, mich um die kleinen Wesen in meinem Garten zu kümmern, deshalb baute ich ihnen Behausungen.

Gott hat uns ein bemerkenswertes Zuhause gebaut: diesen Planeten, die Erde. Wir können die Schöpfung auf unterschiedliche Weise betrachten: als etwas, das wir hemmungslos ausbeuten können, oder als blasse Kulisse für die Aktivitäten unseres täglichen Lebens. In diesem Buch möchte ich eine dritte Sichtweise anbieten. Es ist keine *neue* Sichtweise, sondern eine uralte Art, die Natur zu sehen und mit ihr umzugehen, die tief in der Geschichte des christlichen Glaubens verwurzelt ist.

Dieses Buch ist eine Einladung, sich mit der Natur und ihrem Schöpfer auf biblische Weise auseinanderzusetzen und die Welt staunend durch die Brille des Glaubens zu betrachten. Es möchte die Herzen anrühren und uns dazu bewegen, die ganze Schöpfung zu lieben und zu lernen, die Natur mit Ehrfurcht und Freundlichkeit zu betrachten. Wir werden uns auf unsere von Gott geschaffene Verbundenheit mit diesem Planeten zurückbesinnen und neu entdecken, welche Rolle wir dabei spielen, ihn wieder in einen blühenden Zustand zu bringen – zur Ehre Gottes und als Dienst an uns Menschen, die auf diese Erde angewiesen sind, insbesondere als Dienst an gefährdeten Bevölkerungsgruppen.

Damit wir dies tun können, müssen wir unseren Verstand mit Informationen darüber ausrüsten, wie die Ökosysteme unseres Planeten funktionieren. Daher stelle ich aktuelle wissenschaftliche Erkenntnisse über die verschiedenen Lebensräume unseres Planeten vor, von Sumpfgebieten bis zum Hochgebirge. Als ich als Kind Häuser für Ameisen und Heuschrecken schuf, war meine Motivation richtig, aber in Bezug auf mein Verständnis dafür, welchen Lebensraum diese Wesen brauchen, lag ich falsch. Von meinem liebevoll für sie geformten Hügel nahmen die Ameisen nie Notiz, und die Heuschrecken (diese undankbaren Geschöpfe)

> Dieses Buch ist eine Einladung, die Welt staunend durch die Brille des Glaubens zu betrachten.

hüpften aus ihren Betten. Genauso kann unsere Arbeit am Ziel vorbeigehen, wenn wir nicht das nötige Wissen haben. Aber wenn wir möglichst viel über die Schöpfung lernen und sie gut kennen, können wir sie besser fördern und schützen.

Jedes der elf Kapitel dieses Buches befasst sich deshalb mit einem bestimmten Bereich des Gesamtökosystems dieses Planeten. Die Kapitel beginnen mit einer Beschreibung des jeweiligen Bereichs oder Lebensraums, seiner Aufgaben und Funktionen innerhalb des Planeten und der Probleme, denen er ausgesetzt ist. Anschließend betrachte ich biblische Aussagen, die unsere Neugier und Wertschätzung für die Kreativität und die weise Vorsorge unseres Schöpfers wecken und uns helfen, diese neu wertzuschätzen. In einem dritten Abschnitt gebe ich praktische Tipps, wie wir durch unser Verhalten etwas zum Besseren bewirken können. Meine Empfehlung dazu: Wähle zunächst die Tipps aus, die für dich am leichtesten umsetzbar sind, realisiere sie und bau dann darauf auf.

Der Aufbau der Kapitel dient dazu, das Herz mit dem Handeln zu verbinden. Die – oftmals entmutigenden – Informationen sollen uns nicht überwältigen oder belasten, sondern helfen, bescheidener, zufriedener und mit weniger Angst in Bezug auf unsere Konsumkultur zu leben. Wenn uns die Bedürfnisse anderer ebenso am Herzen liegen wie unsere eigenen, dann muss sich dies auch in unseren Kaufentscheidungen und unseren täglichen Gewohnheiten zeigen.

Meine Berufung ist eine unkonventionelle Mischung aus Umwelteinsatz und christlichem Engagement. Ich habe an der Yale University studiert, um mich intensiver damit zu beschäftigen, wie diese beiden Bereiche zusammenhängen. Ich hatte das Privileg, mit leidenschaftlichen Umweltaktivisten und -aktivistinnen zusammenzuarbeiten, die mich durch ihren unermüdlichen Einsatz ebenso beeindruckt haben wie dadurch, dass sie Gleichgültigkeit angesichts der entmutigenden Nachrichten über eine Umweltkrise nach der anderen schlichtweg nicht akzeptieren. Ich habe dieses Buch geschrieben, weil ich überzeugt bin, dass meine Glaubensfamilie die Grundlage, die Hoffnung und die Mittel hat, um etwas zu verändern.

Wir haben die Chance, die Botschaft des Evangeliums widerzuspiegeln, die die Dinge ins Leben liebt. Es ist an der Zeit, dass die Gemeinde mitten in dieser ums Überleben kämpfenden Schöpfung auf den Plan tritt, die Ärmel hochkrempelt und »die Hände in den Matsch« steckt, um der Welt zu zeigen, dass wir uns um unser gemeinsames Zuhause kümmern. Lasst uns diese Erde einmal mit den Augen von Jesus betrachten: mit Plänen und Visionen für ihre Erneuerung, Heilung und Versöhnung, mit der festen Hoffnung auf einen Erlöser, der alles neu macht.

Darum möchte ich nicht nur handeln, sondern Gott auch im Gebet um Weisheit bitten:

*Liebender Herr des Himmels und der Erde,*

*danke für die Sorgfalt und Liebe, die du in die Erschaffung des Planeten Erde gesteckt hast. Danke, dass du dieses lebendige Kunstwerk, dieses vor Leben sprühende Meisterwerk, mit uns teilst und uns Augen, Ohren und Verstand schenkst, um zusammen mit dir diese ganze Schöpfung zu studieren und uns an ihr zu freuen. Erinnere uns daran, die Schätze der Schöpfung mit Dankbarkeit und auf behutsame Weise zu empfangen. Hilf uns, auf unsere je eigene Art und Weise unseren Teil dazu beizutragen, dass es der Erde wieder gut geht – jetzt und für künftige Generationen.*

*Bitte gib uns den Heiligen Geist, der unseren Geist erneuert, damit wir die Welt so sehen, wie du sie siehst. Zeige uns, wo deine Erde verletzt ist. Führe uns zu denen, denen es an den Gütern mangelt, die diese Erde uns schenkt. Hilf uns, als Gemeinschaft zusammenzuarbeiten, um Heilung und Erneuerung zu bewirken. Wir feiern deine erstaunlichen und kunstvollen Werke und sehnen uns danach, dich zusammen mit der ganzen Schöpfung anzubeten. Erfülle die Erde mit der Erkenntnis deiner Herrlichkeit und der Hoffnung auf den neuen Himmel und die neue Erde durch deinen Sohn Jesus.*

*Das bitten wir in seinem Namen.*
*Amen.*

**KAPITEL 1**

# SÜSSWASSER

Unsere wertvollste
und knappste Ressource

Aus Quellen lässt du Bäche in die Täler hinabströmen, zwischen den Bergen fließen sie dahin ... Vom Himmel schickst du Regen in die Berge, du schenkst der Erde reiche Frucht, die du geschaffen hast.

PSALM 104,10.13

Hast du schon einmal vor einem Wasserfall gestanden und zugesehen, wie das Wasser in endlosen Kaskaden turmhohe Felsen hinabstürzt? Dunst steigt auf, und das flimmernde Sonnenlicht malt Regenbögen rund um den Wasserfall. Hast du darüber gestaunt, welche Kraft das Wasser hat? Diese flüssige Naturgewalt hat den Grand Canyon aus dem Felsen gewaschen! Wasser ist atemberaubend und beeindruckend. Doch diese kostbare Ressource ist erstaunlich knapp.

### Was ist Süßwasser?

Süßwasser ist Wasser, das weniger als 1000 Milligramm an gelösten Salzen pro Liter enthält – also praktisch salzfrei ist. Dazu gehören Bäche, Flüsse, Teiche und Seen, aber auch Gletscher, Inlandeis und Eisberge. Eine weitere wichtige Süßwasserquelle befindet sich unter der Erde in porösen Gesteinsschichten, den sogenannten Aquiferen (Grundwasserleitern). Wenn es regnet, sickert das Wasser durch den Boden in die Aquiferen und füllt sie auf. Das Grundwasser wird durch Brunnen entnommen und ist besonders wichtig für unsere Trinkwasserversorgung und die Bewässerung von Nutzpflanzen.

Eines der drängendsten globalen Umweltprobleme ist der mangelnde Zugang zu sauberem Wasser. Das mag auf den ersten Blick irritieren, denn ein flüchtiger Blick auf den Globus lässt vermuten, dass das Blau der Ozeane den größten Teil der Erdkugel ausmacht. Und das stimmt auch. Ungefähr 70 Prozent der Erdoberfläche sind von Wasser bedeckt. Warum ist Wasserknappheit dann ein Problem? Leider ist das meiste Wasser auf der Erde Salzwasser, das heißt, es ist nicht trinkbar. Die Ozeane und Meere enthalten alle Salzwasser. Nur drei Prozent des Wassers auf der Erde ist Süßwasser und selbst davon steht uns der größte Teil nicht zur Verfügung – es ist das Eis an den Polkappen. Das bedeutet, dass nur ein einziges mageres Prozent des Süßwassers einigermaßen zugänglich ist.

## PROBLEME DER TRINKWASSERVERSORGUNG

Angesichts der begrenzten Süßwasservorräte besteht die eigentliche Herausforderung darin, das Süßwasser so zu verteilen, dass alle Menschen genug bekommen. Mehr als zwei Milliarden Menschen haben keinen Zugang zu sauberem Trinkwasser.[1] Der unzureichende Zugang zu Wasser hindert die Menschen daran, ihren täglichen Bedarf an Flüssigkeit zum Kochen oder für die Hygiene zu decken. Stell dir vor, du müsstest stundenlang laufen, um Wasser für deine Familie zu holen – das ist die Realität vieler Frauen und Kinder in dieser Welt. Es ist wertvolle Zeit, die sie mit anderen Arbeiten oder in der Schule verbringen könnten.

Wie schlimm ist die Trinkwassersituation? Schauen wir uns ein paar Beispiele an, um Licht ins Dunkel zu bringen.

# Grundwasserleiter *und* Brunnen

**ARTESISCHER BRUNNEN**

**STEIGBRUNNEN**

**BRUNNEN MIT FREIEM GRUNDWASSERSPIEGEL**

**TEICH**

**GRUNDWASSER-DECKSCHICHT**

**UNGESPANNTER GRUNDWASSERLEITER**

**KLEI**

**FESTGESTEIN**

**GESPANNTER GRUNDWASSERLEITER**

## Wasserverschmutzung in den USA: Der Cuyahoga River und Flint, Michigan

Es ist noch nicht lange her, dass die Verschmutzung der Seen und Flüsse in den USA ein alarmierendes Ausmaß angenommen hat. In den 1960er-Jahren war der Cuyahoga River in Ohio durch Öllecks und industrielle Abwässer so stark verschmutzt, dass er sich entzündete und in Flammen aufging. Dieses Ereignis wurde zu einem Symbol der amerikanischen Umweltbewegung und trug dazu bei, dass der erste »Tag der Erde« begangen wurde. Nach der Verabschiedung des *Clean Water Act* im Jahr 1972 und umfangreichen Arbeiten zur Reinigung und Beseitigung von Verschmutzungsquellen begann der Fluss, sich zu erholen.

In jüngerer Zeit, im Jahr 2014, meldeten Einwohner von Flint, Michigan, dass das Wasser in ihren Häusern schmutzig aussah, faulig roch und schlecht schmeckte. Zu dieser Zeit war die Bevölkerung dort überwiegend afroamerikanisch, und 45 Prozent der Einwohner von Flint lebten unterhalb der Armutsgrenze.[2] Selbst nachdem die Bürger die Behörden auf das Wasserproblem auf-

> Dieses Ereignis trug dazu bei, dass der erste »Tag der Erde« begangen wurde.

---

← 

Der Mensch ist für die Trinkwasserversorgung auf Aquiferen (Grundwasserleiter) angewiesen. Diese Gesteinskörper ermöglichen es, dass Wasser durch wassergesättigtes Gestein und Sedimente aufsteigt, und liefern so den Großteil unseres Grundwassers. Die Wasser führenden Schichten geben das Wasser in größeren Mengen ab, dies macht etwa 37 Prozent unseres Trinkwassers aus. In diese Grundwasserleiter können Brunnen gebohrt werden, um den Zugang zu Trinkwasser zu erleichtern.

merksam gemacht hatten, wurde nichts unternommen, bis der Fall 2016 vor das Bundesgericht kam. Zu diesem Zeitpunkt hatten bereits Tausende Kinder über ein Jahr lang bleiverseuchtes Wasser getrunken.[3] Das ist besonders erschütternd, da Blei das Wachstum und die Entwicklung bei Kindern stark beeinträchtigt.

### Ein Blick auf Indiens Wasserprobleme

Die Süßwassersituation in Indien scheint eine kaum lösbare Herausforderung zu sein. Die Wasserversorgung des Landes ist an das stark schwankende Wetter gebunden, das je nach Jahreszeit mal zu wenig und dann wieder zu viel Wasser freisetzt. Hitzewellen und ausbleibende Regenfälle führen zu Trockenperioden, während der jährliche Monsun extreme Regenfälle und verheerende Überschwemmungen mit sich bringt. Wenn die Monsunregen zu spät kommen und kürzer andauern, besteht die Gefahr, dass die Wasserreservoirs der Städte sich immer mehr leeren. Gelegentlich sind die Wasservorräte sogar vollständig erschöpft. So versiegten im Jahr 2019 in Chennai, Indien, die vier wichtigsten Reservoirs der Stadt, was eine schwere Wasserkrise auslöste. Zu diesem Zeitpunkt drohte die Wasserversorgung in 21 weiteren indischen Städten ebenfalls zu kollabieren.[4]

Im Norden Indiens fließt der Ganges vom Himalaja bis zum Golf von Bengalen. Er führt genug Wasser, um den Bedarf von 400 Millionen Menschen[5] zu decken (das ist mehr als die Hälfte der Gesamtbevölkerung Europas), aber er ist extrem verschmutzt. Müll, Giftmüll und ungeklärte Abwässer strömen aus zahlreichen Quellen in den Fluss, verunreinigen die Wasserversorgungssysteme und verursachen tödliche Krankheiten.

Was Indiens Wasserprobleme zusätzlich verschärft, ist die hohe Bevölkerungsdichte und die Zahl der Menschen, die in Armut leben. Ob die Probleme nun durch Klimaschwankungen oder durch mangelhafte Infrastruktur entstehen, unsere Brüder und Schwestern in den Schwellen- und Entwicklungsländern trifft es oft am härtesten.

## UNSERE VERANTWORTUNG

Wenn wir es versäumen, unsere Gewässer sauber zu halten und Lösungen zum Schutz unserer Wassersysteme zu finden, können Flüsse in Flammen aufgehen, Menschen erkranken und sterben und Lebensmittel verseucht werden. Wenn wir unseren Wasserverbrauch und Gewässerschutz nicht klug gestalten, besonders in Regionen mit höherer Trockenheit, können unsere Grundwasserspiegel auf bedenkliche Werte sinken.

Sauberes Trinkwasser für alle zur Priorität zu machen, ist ein Weg, für das Wohl von Menschen zu sorgen. Unsere Nächsten sind auch die Menschen außerhalb unseres unmittelbaren Horizontes – es sind die Bewohner der Länder und Orte mit der schlechtesten Wasserqualität und der unzugänglichsten Wasserversorgung. Wir müssen auch ihre Bedürfnisse im Blick haben.

## EINE BIBLISCHE PERSPEKTIVE

Wenn wir erkennen, dass es Menschen an Trinkwasser mangelt, gibt uns das die Gelegenheit, etwas von Gottes Charakter widerzuspiegeln. Im Matthäusevangelium sagt Jesus: Wenn wir einem Bedürftigen einen Becher Wasser anbieten, ist das so, als würden wir dem Messias selbst zu trinken geben (Matthäus 10,42). Jesus nimmt die materielle Versorgung seiner Leute sehr ernst, und wir sollten es auch tun. Gott lädt uns ein, einander frisches Wasser zu reichen. Wenn wir das tun, können wir darauf vertrauen, dass wir Christus ähnlicher werden.

Wasser verbindet uns

In 1. Mose 1,2 erfahren wir, dass der Geist Gottes über der Wasserfläche schwebte, als die Schöpfung noch leer und formlos war. Gott hatte vorgesehen, dass das Wasser alles Leben auf der Erde erhalten soll. Jedes Wassermolekül, das Gott am Anfang schuf, ist noch heute Teil des Wasserkreislaufs! Rund um den Planeten verdunstet das Wasser, verdichtet sich zu Wolken und fällt dann als Regen oder Schnee wieder auf die Erde. Dieser natürliche Wasserkreislauf verbindet Meere und Flüsse mit Wäldern, Wiesen, Sumpfgebieten und Wüsten. Er verbindet sie auch mit dir und mir. Wasser ist die grundlegende Kraft, die alle Ökosysteme miteinander verknüpft. Ohne diese Kraft würde das Leben versiegen. Wenn wir unser Wasser verschmutzen oder verunreinigen, greifen wir in die Systeme ein, die Gott eingerichtet hat, um Leben zu schenken und zu erhalten.

> Sauberes Trinkwasser für alle zur Priorität zu machen, ist ein Weg, für das Wohl von Menschen zu sorgen.

Wasser ist unser Lebenselixier

Durch das Wasser ist der Mensch auf eine komplexe Weise mit der Schöpfung verbunden. Unser Körper besteht zu etwa 60 Prozent aus Wasser und unsere Gehirnzellen zu etwa 85 Prozent. Ohne Wasser können wir buchstäblich nicht denken! Wir können nicht mehr als ein paar Tage überleben, ohne Wasser zu trinken. Wir kühlen unseren Körper auf natürliche Weise durch Schweiß und drücken unsere Gefühle durch Tränen aus. Gott hat uns so konzipiert, dass wir Wasser brauchen. Hast du dir schon mal bewusst gemacht, wie sehr du auf Wasser und auf deine natürliche Umwelt angewiesen bist? Es ist fantastisch, darüber nachzudenken, dass Gott unseren Körper mit Wasser geschaffen hat, dass wir ständig Wasser brauchen und dass seine Schöpfung uns dieses Wasser zur Verfügung stellt.

Gott ist es wichtig, dass Menschen sauberes Wasser zu trinken haben, das zeigt uns die Bibel. Durch Mose ließ Gott aus einem Felsen in der Wüste das Wasser sprudeln, das sein Volk brauchte, um zu überleben. Gott sorgte dafür, dass Jakob ein Stück Land kaufen und einen Brunnen bauen konnte, um seine Familie mit Wasser zu versorgen. Im Alten Testament waren Brunnen für das Überleben jeder Gemeinschaft von grundlegender Bedeutung, insbesondere in der Wüste. Diese Geschichten zeigen, dass Gott unsere Bedürfnisse – körperliche wie geistliche – kennt und erfüllt.

### Wasser erneuert uns geistlich

In der gesamten Bibel verwendet Gott Wasser als Bild für die geistliche Erneuerung. So wie unser Leib von Gott so konzipiert ist, dass er auf Wasser angewiesen ist, kann auch unser Geist seine Möglichkeiten ohne die Gegenwart Gottes, die uns verändert, nicht entfalten. Das vielleicht bemerkenswerteste Beispiel im Leben eines Christen ist die Taufe, das Symbol für die Reinigung und geistliche Wiedergeburt unserer Seele. Jesus verwendete Wasser, um den Jüngern die Füße zu waschen. Petrus begriff, dass er seinen Geist von Jesus reinigen lassen musste, um mit Gott dem Vater in einem geheiligten Leben Gemeinschaft zu haben. In all diesen Beispielen wählte Gott das Wasser mit seinen reinigenden Fähigkeiten, um physisch zu demonstrieren, was geistliche Veränderung ausmacht. Was sagt es über diesen wesentlichen Stoff aus, wenn Gott sich entschieden hat, durch und mit Wasser zu wirken?

> Am Wasser bietet Gott uns Frieden an.

Am Wasser bietet Gott uns Frieden an. In Psalm 23,2-3 heißt es: »Er führt mich zu stillen Wassern. Er erquickt meine Seele« (ELB). Wenn wir uns Zeit nehmen, uns an einen Bach oder Fluss zu setzen und zu beten, legt sich der Friede Gottes über uns und besänftigt unsere Ängste, bis sie dem ruhigen Wasser gleichen. Wir werden erneuert, wenn wir die Schöpfung genießen und in Gottes Gegenwart ruhen. Die Schönheit des glitzernden, gleichmäßig dahinströmenden Wassers in der Natur ist ein Geschenk unseres Schöpfers. Eines Tages werden wir das Leben in einer erneuerten Schöpfung genießen, aber bis dahin haben wir als Christen die Verantwortung, diese Erde zu achten und zu schützen.

Wenn wir darüber nachdenken, was für ein Geschenk Wasser ist – ein Geschenk, das Leben spendet, reinigt, erquickt, regeneriert –, begreifen wir, wie wichtig es ist, dass wir mit unseren Wasserquellen und -vorräten sorgsam umgehen. Es ist wichtig, unseren Teil dazu beizutragen, dass der physische Wasserbedarf aller Menschen gedeckt wird, und dass wir uns dafür einsetzen, dass alle Menschen – und ganz besonders die Randgruppen der Bevölkerung – Zugang zu sauberem Wasser haben.

## WAS DU TUN KANNST

---

### Wasser sparen und deinen Lebensstil verändern
Gewöhne dir an, in deinem Alltag Wasser zu sparen, um sorgsam mit den Wasserressourcen in deinem Umfeld umzugehen. Wenn du Wasser verwendest, tu es bewusst.

**LASS KEIN WASSER UNGENUTZT WEGFLIESSEN**
- Dreh den Wasserhahn zu, wenn du das Wasser nicht verwendest. Fließendes Wasser beim Zähneputzen? Beim Einseifen in der Dusche? Das muss nicht sein. Gewöhn dir an, den Hahn während dieser Tätigkeiten zuzudrehen.
- Spül dein Geschirr nicht von Hand, sondern im voll beladenen Geschirrspüler. Wenn du von Hand spülst, füll das Waschbecken mit Spülwasser und spüle nach dem Reinigen alles auf einmal in einem Becken mit klarem Wasser ab.

**VERSUCH ES MIT WASSERFREUNDLICHEM WÄSCHEWASCHEN**
- Wäschestapel, die gewaschen und zusammengelegt werden müssen, können für jeden zur Geduldsprobe werden. Vermeide zu häufiges Waschen. Häng stattdessen deine Kleidung zum Auslüften auf, wenn sie getragen wurde. Wasch sie nur dann, wenn deine Augen (oder deine Nase) dir bestätigen, dass sie schmutzig ist.
- Lass die Waschmaschine nur voll beladen laufen. Wasche außerdem bei niedrigen Temperaturen, um Energie zu sparen.
- Verwende umweltfreundliche Waschmittel (achte darauf, dass sie phosphatfrei sind). Oder such dir im Internet ein Waschmittelrezept und stell dein Waschmittel selbst her. Einfache Zutaten aus dem Supermarkt oder zerrissene Efeublätter reichen aus.

- Kauf einen Mikrofaserfilter, wie z. B. den großen Guppyfriend-Waschbeutel oder einen Waschball, um die Textilfasern aufzufangen, die beim Waschen abgerieben werden und so ins Abwasser und die Umwelt gelangen.
- Wenn du eine neue Waschmaschine kaufst, wähle ein wasser- und energiesparendes Modell.

**BADEZIMMER-CHALLENGE**

- Begrenze die Zeit unter der Dusche auf drei bis fünf Minuten oder auf so kurz wie möglich. Spiel einen deiner Lieblingssongs und leg es darauf an, mit dem Duschen fertig zu sein, bevor der Song zu Ende ist (Mitsingen empfohlen).
- Installiere einen Duschkopf mit Wassersparfunktion. So kannst du monatlich etwa 60 Prozent des Wasserverbrauchs sparen. Achte auf das Gütesiegel *Blauer Engel* für umweltfreundliche Produkte. Repariere defekte Toilettenspülungen schnell und verwende die Wasserspartaste.
- Prüfe, ob deine Toilettenspülung durchläuft. Nimm den Deckel vom Wasserkasten, gib ein paar Tropfen Lebensmittelfarbe hinein und schließ den Deckel wieder (nicht spülen!), warte fünfzehn Minuten und prüfe dann die Toilettenschüssel. Wenn das Wasser gefärbt ist, ist die Spülung defekt, und du solltest sie reparieren (lassen).

---

## Lerne die Wasserquellen in deinem Umfeld kennen

Wasserprobleme sind global, aber es ist hilfreich, lokal zu denken.

**ERKUNDE BÄCHE, FLÜSSE UND SEEN IN DEINER UMGEBUNG**
- Der Verfasser von 1. Mose 2 nennt die Flüsse, die aus Eden herausfließen, beim Namen – Tigris, Euphrat, Pischon und Gihon. Kennst du die Namen der Gewässer in deiner Umgebung?
- Erkundige dich beim örtlichen Wasserversorger, woher dein Wasser bezogen wird. Besuche diese lebenswichtigen Süßwasser-Ökosysteme. Wenn du möchtest, kannst du dort beten.

**MÜLLSAMMELAKTIONEN ALS OUTDOOR-SPORT**
- Organisiere in deiner Gemeinde oder Nachbarschaft eine Müllsammelaktion zu Fuß, im Kajak oder Schlauchboot. Sorge für Müllsäcke und leg eine Route fest.
- Wenn du zu Fuß unterwegs bist, konzentriere dich auf Müll, der in die Straßenrinnen geworfen wurde und in unseren Flüssen und Seen landet. Falls du mit dem Boot fährst, achte auf Müll am Ufer und im Wasser. Wertvolle Tipps findest du beim NABU.[6]
- Schau im Internet nach, ob es in deiner Gegend organisierte Müllsammelaktionen oder »Dreck-weg-Wochen« gibt.

---

## Wasserfreundliche Gartenpflege

Was du direkt vor deinem Haus und in deiner Nachbarschaft tust, macht einen Unterschied. Indem du dir bewusst machst, wie wertvoll Wasser ist, und nur so viel Wasser verwendest, wie du wirklich brauchst, kannst du auf die Menschen Rücksicht nehmen, die nicht ohne Weiteres Zugang zu sauberem Wasser haben.

**VERSUCH ES MIT »XERISCAPING«**
- ▶ Rasenflächen, die nur mit einer Grasart bewachsen sind, sind ineffiziente Wasserschlucker. Xeriscaping ist eine Methode der Landschaftsgestaltung, die darauf abzielt, den Bedarf an künstlicher Bewässerung zu begrenzen oder ganz zu eliminieren.
- ▶ Ersetze Rasen durch eine Kombination aus Erde, Steinen, Mulch und einheimischen Pflanzen wie Sträuchern, Wildblumen und Gräsern.
- ▶ Zu den trockenheitsresistenten Pflanzen gehören Wacholder und Lavendel. Pflanze Kräuter und Gewürze wie Thymian, Salbei und Oregano.[7]
- ▶ Achte darauf, einheimische Pflanzen zu wählen. Sobald sie sich etabliert haben, kommen sie die meiste Zeit mit den normalen Niederschlägen aus.

## Unterstütze gemeinnützige Organisationen, die sich für sauberes Wasser einsetzen

Es gibt einige Projekte, die sich für sauberes Wasser einsetzen. Vielleicht möchtest du eins davon unterstützen und so deinen fernen Nächsten helfen. Hier findest du ein paar Beispiele:

- ▶ **Living Water International** ist eine christliche Organisation, die weltweit mehr als 21 000 Projekte für sauberes Wasser durchgeführt hat.[8]
- ▶ Das Projekt WASH von *Samartitan's purse* sorgt für Hygieneschulungen, sauberes Wasser und wirtschaftliches Empowerment für bedürftige Bevölkerungsgruppen.[9]
- ▶ **Swechha** ist eine von Jugendlichen geleitete Organisation in Indien, die Flüsse säubert und aus dem Abfall Waren herstellt oder »upcycelt«.[10]

▶ **Mit WorldVision** kannst du Menschen, die schon alles haben, einen Wasserfilter schenken – deine Lieben bekommen eine Urkunde, das saubere Wasser Menschen in ärmeren Ländern."

# KAPITEL 2

# BEDROHTE ARTEN

Gefährdete Pflanzen und Tiere

> Lobt den HERRN, ihr Geschöpfe, an jedem Ort seines Reichs.
>
> PSALM 103,22

Hast du gewusst, dass es rund 1,6 Millionen bekannte Arten von Lebewesen auf unserem Planeten gibt? Aber es kommt noch besser: Man schätzt, dass es tatsächlich bis zu 8,7 Millionen oder mehr Arten gibt.[12] Das heißt, dass es für jedes Lebewesen, das wir kennen, fünf oder sechs weitere geben könnte, von denen wir *nichts* wissen!

### Was sind gefährdete Arten?

Gefährdete Arten sind Pflanzen und Tiere, deren Vorkommen zurückgehen, sodass sie dem Aussterben immer näher kommen. Die Gefährdung einzelner Arten wird in drei Stufen eingeteilt: gefährdet, stark gefährdet, vom Aussterben bedroht. Manchmal stirbt eine Pflanzen- oder Tierart nur in einer Region aus und existiert in anderen Gebieten weiterhin. Arten können aber auch ganz vom Erdball verschwinden.

Fatalerweise sterben jeden Tag viele dieser Arten aus, oft ohne dass wir das bemerken. Das kann natürliche Ursachen haben, aber die derzeitige Aussterberate der Arten hat ein noch nie da gewesenes Ausmaß erreicht – sie liegt zehn- bis hundertmal so hoch wie üblich.[13] Wissenschaftler sprechen vom sechsten Massenaussterben, und es wird vom Menschen verursacht und beschleunigt sich.[14] Kannst du dir eine Welt vorstellen, in der keine Tiger mehr durch die Urwälder streifen und keine Blauwale mehr in den Ozeanen schwimmen? In unserer Kindheit haben wir die Erde mit vielen Lebewesen geteilt, die vielleicht bald nur noch in der Erinnerung existieren werden. Wenn wir sie weiterhin um uns haben wollen, müssen wir dafür sorgen, dass es einen Platz für sie gibt.

## BIODIVERSITÄT IM ZUSAMMENSPIEL

Sobald eine gefährdete Art verschwunden ist, hinterlässt sie eine Leerstelle in ihrem früheren Lebensraum, dem Zuhause, das sie mit anderen Lebewesen geteilt hat. Sie kann die spezielle Aufgabe nicht mehr wahrnehmen, die sie erfüllt hat, um das Ökosystem im Gleichgewicht zu halten. Manchmal springt ein anderes Geschöpf ein und übernimmt ihre Aufgabe – wie ein Ersatzspieler, der auf der Ersatzbank wartet, bis er ins Spiel kommt. Doch je mehr Arten wir verlieren, desto kleiner wird der Pool der verfügbaren Ersatzarten. Aus diesem Grund ist eine große Artenvielfalt – auch bekannt als Biodiversität – für unseren Planeten von enormer Bedeutung. Die natürliche Welt gedeiht, wenn sie eine große Artenvielfalt aufweist. Mit dem Verlust jeder einzelnen Art nimmt die biologische Vielfalt des jeweilgen Habitats ab, und die Stabilität geht verloren. Die Vorteile, die dieses Ökosystem bietet – saubere Luft, Wasser, Lebensmittel, Heilmittel und Erholung –, stehen dann auf dem Spiel.

# Der Tiger – *eine gefährdete Art*

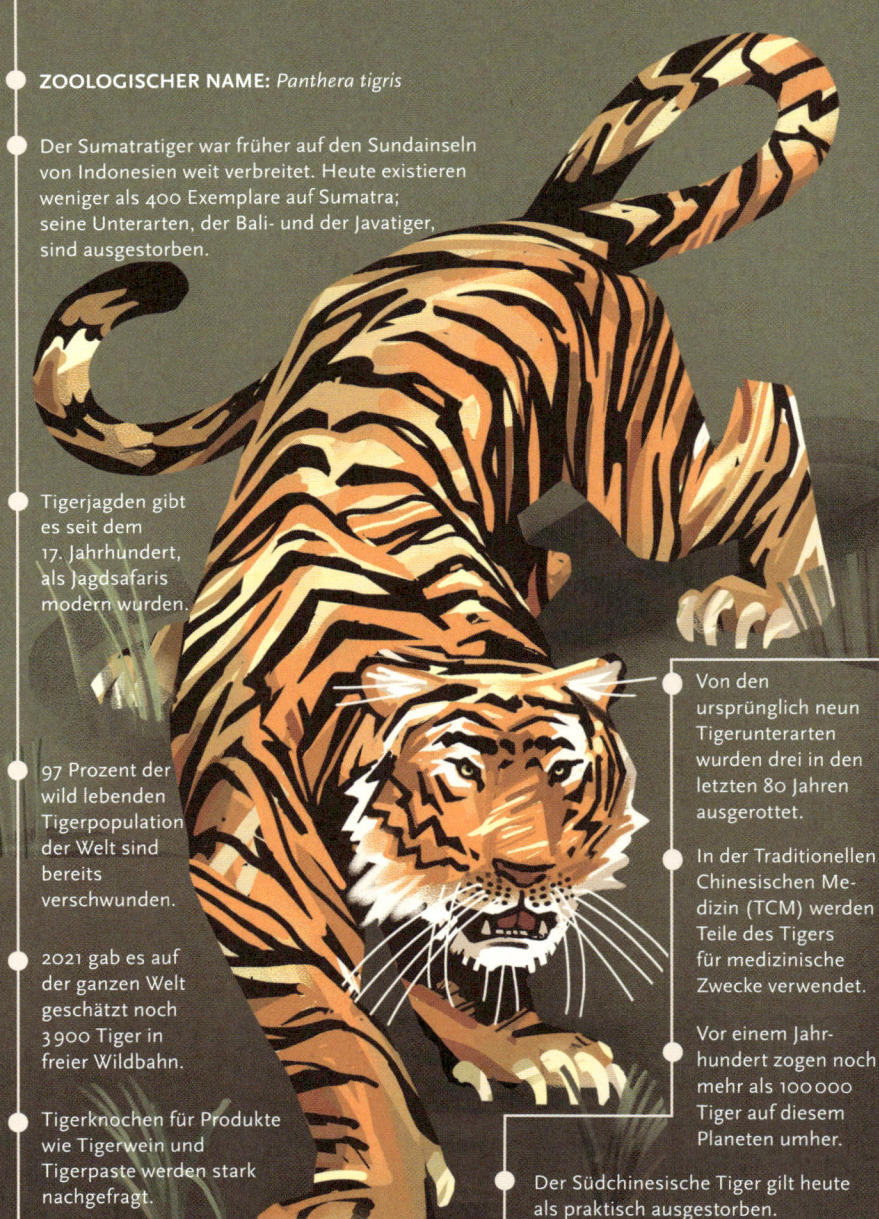

**ZOOLOGISCHER NAME:** *Panthera tigris*

Der Sumatratiger war früher auf den Sundainseln von Indonesien weit verbreitet. Heute existieren weniger als 400 Exemplare auf Sumatra; seine Unterarten, der Bali- und der Javatiger, sind ausgestorben.

Tigerjagden gibt es seit dem 17. Jahrhundert, als Jagdsafaris modern wurden.

97 Prozent der wild lebenden Tigerpopulation der Welt sind bereits verschwunden.

2021 gab es auf der ganzen Welt geschätzt noch 3 900 Tiger in freier Wildbahn.

Tigerknochen für Produkte wie Tigerwein und Tigerpaste werden stark nachgefragt.

Von den ursprünglich neun Tigerunterarten wurden drei in den letzten 80 Jahren ausgerottet.

In der Traditionellen Chinesischen Medizin (TCM) werden Teile des Tigers für medizinische Zwecke verwendet.

Vor einem Jahrhundert zogen noch mehr als 100 000 Tiger auf diesem Planeten umher.

Der Südchinesische Tiger gilt heute als praktisch ausgestorben. Seit Jahrzehnten wurde kein lebendes Exemplar mehr gesichtet.

## ARTEN MIT SCHLÜSSELFUNKTION

Als während des Booms des Pelzhandels im 18. und 19. Jahrhundert übermäßig viele Seeotter gejagt wurden, konnten die Seeigel, die sie fraßen, nicht mehr in Schach gehalten werden. Stachelige Anhäufungen von Seeigeln übernahmen die Unterwasserwälder aus Seetang und zerstörten die Lebensräume vieler anderer Tiere wie Robben und Tintenfische. Die Otter waren eine *Schlüsselart*, eine Art, die einen unverhältnismäßig großen Einfluss auf die Gesundheit eines Lebensraums hat.[16]

Projekte zum Schutz bedrohter Arten konzentrieren sich oft auf »Sympathieträger« wie Leoparden, Elefanten und Pandas. Das kann eine gute Taktik zur Erhaltung sein, denn die meisten dieser Megafauna, wie die größten Arten in einem Habitat genannt werden, sind Schlüsselarten, und wenn man sie schützt, werden viele andere Arten gerettet. Aber alles in einem Habitat kann zu einer gefährdeten Art werden, vom Vogel, Säugetier oder Baum bis hin zu einem Pilz, einer Schnecke, einem Schwamm oder einem Insekt. Unabhängig von ihrer Größe oder

In unseren wechselseitig verbundenen Ökosystemen kommt es auf jede einzelne Art an.

---

← 

Seit den 1970er-Jahren sind Tiger vom Aussterben bedroht. Damals sank die Population auf unter 4000 wild lebende Exemplare. Wilderei, Vereinzelung und der Verlust von Lebensräumen haben zu dieser Gefährdungssituation geführt. Wenn es Tierschützern nicht gelingt, sowohl die Tiere als auch ihre Lebensräume zu schützen, schätzt man, dass Tiger innerhalb der nächsten zwanzig Jahre aussterben werden.[15]

ihrem Aussehen kommt jeder Art eine zweckmäßige und wichtige Rolle für die Erhaltung ihrer natürlichen Heimat zu. In unseren wechselseitig verbundenen Ökosystemen kommt es auf jede einzelne Art an. Jede erfordert unsere Aufmerksamkeit, wenn sie vom Aussterben bedroht ist, insbesondere wenn diese Gefährdung eine Folge des menschlichen Verhaltens ist.

## URSACHEN DER GEFÄHRDUNG

Die größten Bedrohungen für gefährdete Arten und der damit verbundene Verlust an biologischer Vielfalt sind mit menschlichen Aktivitäten verbunden. Zu diesen Bedrohungen gehören der Verlust von Lebensräumen, Übernutzung, Umweltverschmutzung, invasive Arten und Klimaveränderungen.

### Lebensraumverlust

Der Verlust von Lebensräumen ist die Hauptursache für das Aussterben von Tieren. Wenn wir im Interesse der menschlichen Entwicklung den Lebensraum von Wildtieren zerstören, begrenzen oder dezimieren, werden Wildtiere im Restgebiet zusammengedrängt und geraten so gezwungenermaßen mehr mit Menschen in Kontakt (oftmals in einen leidvollen). Wenn Wildtiere und Menschen enger zusammenleben, nimmt der sogenannte *Mensch-Wildtier-Konflikt* zu. Dieser Konflikt besteht zum Beispiel zwischen Bauern und Schneeleoparden. Die Großkatzen mit den graugrünen Augen und dem dichten weißen Fell mit schwarzen Rosetten, die in den Felsen des Himalajas leben, verschwinden allmählich. Schätzungen zufolge gibt es nur noch 4 500 bis 7 500 davon.[17] Ein Grund dafür ist, dass auch ihre Beutetiere – Blauschafe, Steinböcke, Murmeltiere, Pikas und Hasen – immer weniger werden.

Infolgedessen greifen Schneeleoparden auf Nahrungssuche oft das Vieh der Bauern an, und die Bauern schlagen zurück, indem sie die Schneeleoparden töten, um ihre Lebensgrundlage zu verteidigen. Da der Mensch immer weiter in das Gebiet der Wildtiere vordringt, müssen wir innovative Wege der Koexistenz mit den Tieren schaffen und etablieren, wie z. B. die Verwendung von Viehzäunen, die die Großkatzen fernhalten.

## Übernutzung

Die Übernutzung ist eine der Hauptursachen für die Gefährdung von Arten. Übernutzung wird ausschließlich von Menschen verursacht und von ihnen gefördert. Sie beinhaltet die Jagd von Wildtieren in einem Ausmaß, das höher ist als die Fähigkeit der Population, sich zu erholen. Ein gravierender Faktor dabei ist der illegale Handel, bei dem Pflanzen wegen ihrer Heilkräfte und Tiere wegen ihrer Felle und anderer Körperteile gehandelt werden. Wilderer töten jedes Jahr Zehntausende Elefanten in Afrika und Asien wegen ihrer Elfenbeinstoßzähne. Nachdem die USA, China und andere Länder (Europa erst 2022!) den Elfenbeinhandel verboten haben, ist die Nachfrage nach Stoßzähnen stetig zurückgegangen, aber illegale Wilderei und Elfenbeinhandel gibt es immer noch, vor allem wegen der geringen Strafverfolgung und der Korruption innerhalb des Systems.[18]

> Wir müssen innovative Wege der Koexistenz mit den Tieren schaffen und etablieren.

Elefanten sind nicht die einzigen Opfer. Wilderer töten Nashörner wegen ihrer Hörner, denen in der Traditionellen Chinesischen Medizin heilende Kräfte zugeschrieben werden. Die Hörner bestehen jedoch aus Keratin, der gleichen Substanz wie Fingernägel. Bis heute gibt es keine wissenschaftlichen Beweise dafür, dass das Horn von Nashörnern Menschen heilen kann, aber leider halten traditionelle Verfahren daran fest, selbst gegen stichhaltige Argumente.[19]

## Krankheiten

Ein weiteres Problem, das sich aus dem falschen Umgang mit Wildtieren ergibt, ist die Verbreitung von Zoonosen (Krankheiten, die von Wildtieren auf Nutztiere und Menschen übertragen werden). Von Ebola bis zum West-Nil-Virus und der Lyme-Borreliose – Krankheiten, die von Wildtieren auf Menschen »überspringen«, nehmen zu. Derzeit besteht die Theorie, dass die COVID-19-Pandemie entweder durch ein Leck in einem Labor oder bei Wildtieren, wahrscheinlich Fledermäusen und möglicherweise Schuppentieren, ihren Ursprung hat.[20]

Schuppentiere sind sanftmütige Säugetiere mit Schuppen, die sie wie ein Panzer schützen, wenn sie sich erschrecken und zu einem Ball zusammenrollen. Ihre Schuppen werden in der traditionellen Medizin verwendet und in manchen Kulturen gilt ihr Fleisch als Delikatesse. Aus diesem Grund sind sie die am häufigsten illegal gehandelten Säugetiere der Welt und vom Aussterben bedroht. Auf dem Schwarzmarkt werden Schuppentiere in unhygienischen Unterkünften zusammengepfercht, was die Verbreitung von Krankheiten begünstigt – unter anderem deshalb werden Schuppentiere als Zwischenwirte für die Übertragung des COVID-19-Virus auf den Menschen vermutet.[21]

> Wir müssen besser darin werden, allen Geschöpfen dieser Erde das Überleben zu sichern – uns selbst eingeschlossen.

Pandemien und endemische Krankheiten sind tragische Beispiele dafür, was passieren kann, wenn wir nicht verantwortungsvoll mit Wildtieren umgehen. Wenn wir dagegen gut für die Wildtiere sorgen, tragen wir auch dazu bei, künftige Pandemien und das damit verbundene menschliche Leid zu verhindern. Wir müssen besser darin werden, allen Geschöpfen dieser Erde das Überleben zu sichern – uns selbst eingeschlossen.

## EINE BIBLISCHE PERSPEKTIVE

In 1. Mose 2,19 heißt es: »Und Gott, der Herr, formte aus Erde alle Arten von Tieren und Vögeln. Er brachte sie zu Adam, um zu sehen, welche Namen er ihnen geben würde.« Die erste Aufgabe des Menschen war es, jedes einzelne Tier genau zu betrachten und ihm einen Namen zu geben. Gott hätte das selbst tun können, aber er wollte mit uns zusammenarbeiten, um uns an der Freude teilhaben zu lassen, die der Schöpfung innewohnt.

### Eine Demonstration der Schöpferkraft Gottes

Die biologische Vielfalt und die unzähligen Arten des Lebens auf der Erde weisen auf die unendliche Kreativität des Schöpfers hin, der alles Lebendige geschaffen hat, und zwar, wie der Kolosserbrief sagt, durch und für Jesus (Kolosser 1,16). Das ist verblüffend! Jede Pflanze, jeder Wurm, jedes Eichhörnchen und jedes Insekt – was auch immer du bei einem täglichen Spaziergang siehst –, es wurde durch Jesus geschaffen. Jedes Lebewesen hat einen göttlichen Charme, eine Essenz, die auf Christus verweist.

> Jedes Lebewesen hat einen göttlichen Charme, eine Essenz, die auf Christus verweist.

Es gibt ein theologisches Wort für diesen einzigartigen Entwurf, der jedem Geschöpf innewohnt: *Haecceitas*. Der Begriff bezeichnet das Einmalige und Spezifische eines einzelnen Geschöpfs, das, was für dieses individuelle Wesen einzigartig ist, im Gegensatz zu seinen allgemeinen Eigenschaften, die auch andere Vertreter seiner Art besitzen.

Jede einzelne Komponente repräsentiert und vermittelt etwas Bestimmtes über Gott, so wie ein Gemälde oder eine Skulptur etwas über den Künstler aussagt, sei es klar und deutlich oder eher auf verborgene Weise. In Römer 1,20 lesen wir: »Seit Erschaffung der Welt haben die Menschen die Erde und den Himmel und alles gesehen, was Gott erschaffen hat, und können daran ihn, den unsichtbaren Gott, in seiner ewigen Macht und seinem göttlichen Wesen klar erkennen.« Jede Spezies ist ein Puzzleteil der Herrlichkeit Gottes, die er in der Natur offenbart. Deshalb sollten wir sie bewahren und wertschätzen.

### Unsere dienende Herrschaft

Neben der Benennung von Pflanzen und Tieren hat Gott dem Menschen auch die Herrschaft über alle Lebewesen übertragen. »Seid fruchtbar und vermehrt euch, bevölkert die Erde und nehmt sie in Besitz. Herrscht über die Fische im Meer, die Vögel in der Luft und über alle Tiere auf der Erde« (1. Mose 1,28). Wenn wir unsere Beziehung zur Natur richtig verstehen wollen, müssen wir verstehen, was »herrschen« in diesem Text bedeutet.

> Wir sind Gottes Repräsentanten und wir haben die Verantwortung, Herrschaft so auszuüben, wie Jesus es tun würde.

Herrschaft beinhaltet die Autorität des Regierens, nicht mit weltlicher Macht, sondern vielmehr orientiert daran, wie Jesus als König herrscht. Wir sind Gottes Repräsentanten auf der Erde und wir haben die Verantwortung, Herrschaft so auszuüben, wie Jesus es tun würde. Überall, wo er hinkam, hat Jesus befreit, geheilt und erneuert. Obwohl er Gott war, erniedrigte er sich (Philipper 2,8). Er kam, um zu dienen, nicht, um bedient zu werden (Matthäus 20,28), und wir sind aufgerufen, so zu sein wie er. Wir sind eingeladen, dienend zu »herrschen«, als Menschen, die Gottes Schöpfung pflegen und bewahren. In diesem Geist der Demut können wir uns dafür einsetzen, dass die Lebensräume für künftige Generationen artenreich und stabil bleiben und gefährdete Arten geschützt und nicht durch vermeidbare Handlungen ins Aussterben getrieben werden.

»Der HERR ist gut zu allen Menschen und barmherzig zu seiner ganzen Schöpfung«, heißt es in Psalm 145,9. Gott kümmert sich um jedes Wesen, das er geschaffen hat. Wir ehren Gottes Schöpfung und handeln aus Erbarmen wie er, wenn wir uns für die Bewahrung der Schöpfung einsetzen. Gott hat uns die Sorge für seine Geschöpfe anvertraut, eine noble Aufgabe und zugleich eine, die uns zur Demut führt. Es ist eine ernüchternde Verantwortung. Wir haben den göttlichen Auftrag, die Geschöpfe Gottes und seine Schöpfung zu schützen.

## WAS DU TUN KANNST

Engagiere dich für den Schutz gefährdeter Arten vor Ort
Einheimische Arten sind ein unersetzlicher Teil der biologischen Vielfalt, die Lebensräume widerstandsfähig macht. Selbst die unscheinbarsten und unansehnlichsten (oder besser gesagt die weniger mit Schönheit gesegneten) Kreaturen – Würmer, Schnecken, Muscheln, Nagetiere und Kakerlaken – haben grundlegende und wichtige Aufgaben in ihren Lebensräumen.

**SCHÜTZE BEDROHTE ARTEN**
Informiere dich über bedrohte Arten in deiner Region und wie du sie unterstützen kannst.
▶ Unterstütze Vögel mit Nistplätzen oder einer Vogeltränke – wichtig ist es, das Wasser täglich zu wechseln.
▶ Baue eine Eidechsenmauer oder rege an, dass in deinem Stadtviertel auf Grünstreifen Eidechsenmauern entstehen.

**BAUE ODER KAUFE EINEN FLEDERMAUSKASTEN**
▶ Wenn du Fledermäusen in deinem Garten Unterschlupf bietest, werden sie es dir danken, indem sie Mücken fressen. Außerdem ist ihr Kot, der Fledermausguano, ein hervorragender natürlicher Dünger.
▶ Du kannst Fledermäusen ein Zuhause bieten, indem du einen Fledermauskasten baust. Kostenlose Bauanleitungen dafür findest du im Internet, etwa auf der Seite des NABU.
▶ Oder kaufe ein paar Fledermauskästen und lade Freunde dazu ein, die Kästen gemeinsam individuell zu dekorieren.
▶ Störe oder berühre niemals eine Fledermaus. Sie sind im Allgemeinen nicht aggressiv, aber wie andere Wildtiere können

sie Krankheiten übertragen. Am besten ist es, sie in Ruhe zu lassen, damit sie ihr bestes Fledermausleben leben und gut überwintern können.

- Wenn du Fledermäuse im Haus hast, schau bei LBV rein, was du am besten tun kannst.[22] Müssen Fledermäuse etwa wegen Umbaumaßnahmen entfernt werden, wende dich an das Landesumweltamt.

**BEKÄMPFE INVASIVE ARTEN**

Pflanzen und Tiere, die von außen, oft durch den Menschen, in ein Ökosystem eingeführt werden und einheimischen Pflanzen und Tieren schaden, werden als invasive Arten bezeichnet. Sie zerstören Lebensräume und verdrängen und vernichten Arten, die dort einst gediehen, insbesondere bereits gefährdete Arten.

- Reinige deine Wander- und Angelausrüstung und dein Boot, Kajak oder Paddelbrett, bevor du es in eine neue Umgebung transportierst. Niemand möchte derjenige sein, der versehentlich eine invasive Art an einen Ort trägt, wo sie sich ansiedelt und Schaden anrichtet!
- Entsorge Gartenabfall oder Aquarienpflanzen nicht in der freien Landschaft und setz Haustiere wie Aquarienfische oder andere exotische Tiere nicht aus. Dein niedlicher Goldfisch könnte riesig werden und das Ökosystem eines ganzen Sees stören.[23] Kein Scherz, das kommt vor!
- Informiere dich im Internet, welche invasiven Arten es an deinem Wohnort gibt und was du gegen sie unternehmen kannst.
- Achte darauf, was in deinem Garten wächst. Der Zentralverband Gartenbau e.V. hat einen umfangreichen Flyer zum Umgang mit invasiven Arten herausgegeben, den du beim BMUV herunterladen kannst.[24]

▶ Achte darauf, dass deine Dünge- und Pflanzenschutzmittel bedrohten Arten nicht schaden.

## Stopp illegalen Handel mit Wildtieren

Das Übereinkommen über den internationalen Handel mit gefährdeten Arten frei lebender Tiere und Pflanzen *(Convention on International Trade in Endangered Species of Wild Fauna and Flora,* CITES, auch *Washingtoner Artenschutzübereinkommen)* regelt und verbietet den internationalen Handel mit gefährdeten wilden Tieren und Pflanzen. Manches wirst du in deinem Heimatland sowieso nicht kaufen können, aber es wird dir vielleicht im Urlaub angeboten:

▶ Kauf kein Elfenbein oder Dinge, die aus Elfenbein hergestellt wurden. Selbst wenn der Verkäufer behauptet, das Elfenbein sei antik, solltest du deutlich dein Misstrauen zeigen und dankend ablehnen.

▶ Lass die Finger von russischem Kaviar und Haifischflossensuppe oder Schuppentierfleisch. Klingt ja ohnehin nicht besonders verlockend, um ehrlich zu sein.

▶ Kauf keinen Schmuck aus Schildpatt. Sei wachsam bei Schuhen, Handtaschen und anderen Gegenständen aus Schildkrötenhaut. Baby-Schildkröten sind niedlich, diese Gegenstände sind es nicht.

▶ Der Handel mit den Pelzen der meisten Wildkatzen, Robben, Eisbären und Seeotter ist illegal. Setz lieber auf Kunstpelz, wenn es sein muss.

▶ Überprüfe Etiketten von traditionellen Arzneimitteln. Meide Produkte, die Inhaltsstoffe von Tiger, Nashorn, Leopard, asiatischem Schwarzbär oder Moschushirsch enthalten.

▶ Vergewissere dich, dass Lederprodukte wie Schuhe, Geldbörsen, Handtaschen und Armbänder nicht aus geschützten Arten (wie

Schlangen, Krokodilen und Eidechsen) hergestellt wurden oder kaufe Lederimitate aus umweltfreundlichen Materialien.
- Die Einfuhr vieler exotischer Haustiere ist verboten. Erkundige dich beim Kauf eines solchen Tiers genau nach dessen Herkunft.[25]

---

### Engagiere dich für den weltweiten Schutz bedrohter Tierarten

Gefährdete Arten gibt es überall auf der Welt. Du kannst Schutzprojekte im Ausland mit Spenden unterstützen und problematische Produkte bewusst vermeiden.

**UNTERSTÜTZE PROJEKTE ZUR LÖSUNG DES MENSCH-WILDTIER-KONFLIKTS**

Um eine friedliche Koexistenz von Menschen und Wildtieren zu ermöglichen, ist es unbedingt erforderlich, kreative Lösungen für Konflikte zwischen Mensch und Wildtier zu finden. Zwei Beispiele dafür sind:

- Der *Snow Leopard Trust* ist eine Initiative, die zusammen mit Viehbauern raubtiersichere Gehege baut und Reservate für wild lebende Schneeleoparden in Zentralasien einrichtet, um den Viehverlust der Bauern durch Raubtiere zu verringern.
- Die *African Wildlife Foundation* in Uganda entschärft den Mensch-Wildtier-Konflikt, der entsteht, wenn Elefanten die Ernten der Bauern zertrampeln. Die Initiative schreckt Elefanten ab, indem sie z. B. Chilischoten an Zäune hängt. Das ist einfach und genial!

**UNTERSTÜTZE RANGER VOR ORT**

- Hilf mit, die Ranger in den Ländern zu unterstützen und auszurüsten, in denen die von Wilderern bedrohten Tierarten – Elefanten, Nashörner, Löwen usw. – leben. Die Ranger brauchen Schutz und Ausrüstung, um die Tiere und die Parks zu schützen. Diese Leute sind echte Helden.
- Der *World Wildlife Fund* (WWF) hat ein »Back a Ranger«-Projekt ins Leben gerufen, das Ranger mit Ausrüstung, Schulungen und Ressourcen ausstattet, um Wildtierverbrechen zu verhindern.
- African Parks, eine Nichtregierungsorganisation (NRO), die sich auf den Naturschutz konzentriert, verwaltet afrikanische Nationalparks und verfügt über die größte Schutzkraft aller NROs in Afrika. Informiere dich über die Organisation und darüber, wie du helfen kannst.

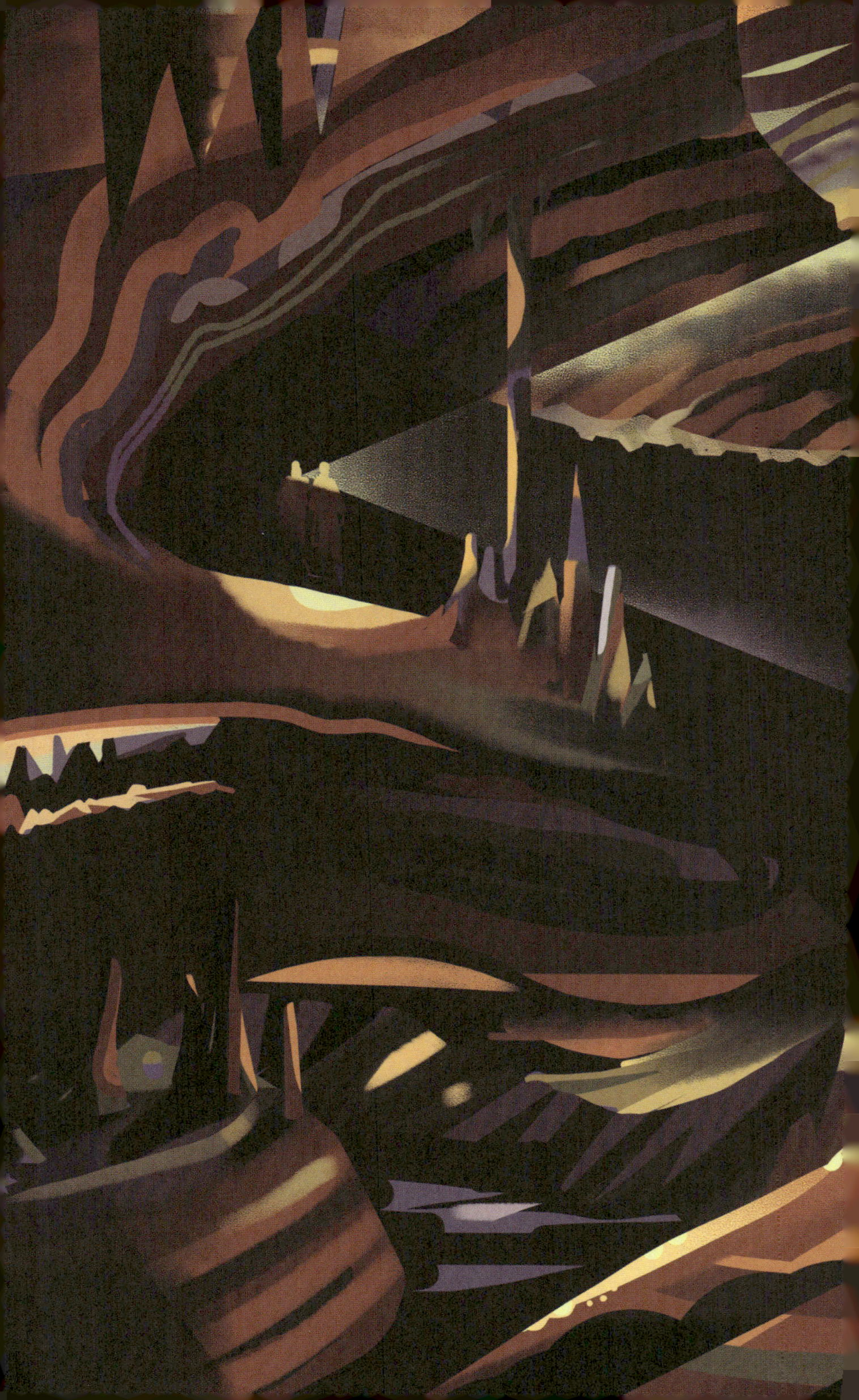

KAPITEL 3

# BERGE UND MINERALIEN

Majestätische Gipfel
und kostbare Bodenschätze

Ihm gehören die Tiefen der Erde, und die höchsten Berge sind sein.

Psalm 95,4

Von Berggipfeln, die sich in den Himmel erheben, bis zu tief im Erdinneren verborgenen Edelsteinen – der Planet Erde fesselt unsere Aufmerksamkeit und hält immer wieder neue Überraschungen für uns bereit. Es ist dir vielleicht nicht bewusst, aber du bist jeden Tag mit den Bergen und den Mineralien verbunden. Einige unserer wertvollsten Schätze und Materialien befinden sich unter der Erdoberfläche, aber wir denken selten darüber nach, wie sie aus der Erde in unsere Schmuckschatullen, Autos und Wohnungen gelangen.

Gesteine und Mineralien finden sich in einer erstaunlichen Anzahl von Dingen, die wir täglich nutzen. Aus Mineralien werden der Stahl und das Aluminium hergestellt, die zum Bau von Autos, Zügen, Flugzeugen und Schiffen verwendet werden. Wir brauchen sie für die Herstellung von Keramik, Arbeitsplatten, Glas, Besteck, chirurgischen Instrumenten, elektrischen Leitungen, Beton und Bleistiften. Wir verwenden Mineralsalz, um unser Essen zu würzen, und Kalziumkarbonat zum Backen. Schätzungen zufolge verbraucht jeder Mensch in den USA im Laufe seines Lebens etwa 1,5 Millionen Kilogramm an Gestein, Mineralien und Metallen.[26] Das ist gewaltig! Wir können unseren Mineralienverbrauch bewusst verringern, indem wir insgesamt weniger konsumieren und wenn möglich Produkte aus recycelten Materialien kaufen.

> Wir verringern unseren Mineralienverbrauch, indem wir weniger konsumieren und Produkte aus recycelten Materialien kaufen.

### Was sind Mineralien?

Mineralien sind anorganische Feststoffe, die aus bestimmten Elementen bestehen, die in regelmäßig sich wiederholenden Kristallanordnungen miteinander verbunden sind. Sie kommen natürlich in der Erde vor und sind die Bausteine von Gesteinen. Granitgestein zum Beispiel besteht hauptsächlich aus Quarz und Feldspat. Mehr als 4000 Minerale wurden auf unserem Planeten entdeckt. Einige Mineralkristalle werden zu Edelsteinen geschliffen und poliert – Rubine, Smaragde, Türkise, Jade und andere kostbare Juwelen. Andere wichtige Mineralien bilden Lagerstätten, die Metalle wie Kupfer, Eisen, Gold und Silber enthalten.

## DIE VOR- UND NACHTEILE DES BERGBAUS

Wir gewinnen Mineralien aus der Erdkruste, das heißt der äußeren Schicht der Erde, um all die oben genannten Produkte herzustellen. So sind unsere täglichen Aktivitäten mit den Tiefen der Erde verbunden. Menschen haben jeden Tag mit irgendeinem Produkt zu tun, das vom Bergbau abhängt. Der Bergbau bildet die Einkommensquelle für viele Gemeinden und bietet viele Arbeitsplätze in der Produktions- und Lieferkette, aber dieses Geschenk wirft einen Schatten, denn viele Bergbaumethoden verursachen langfristige Zerstörungen. Sprengtechniken zum Beispiel sind besonders schädlich für das Land und somit auch für die Gemeinden, die darauf setzen, auf diese Weise langfristig produktiv zu sein.

Bergwerke unterliegen in den westlichen Ländern strengen Vorschriften, um Gefahren für die Arbeiter und schwere Umweltschäden zu vermeiden. Dennoch können Minen einstürzen und tödliche Erdrutsche verursachen, Explosionen und Brände können für die Bergleute tödlich sein, wenn die Vorsichtsmaßnahmen nicht beachtet werden. Nach Beendigung der Bergbauarbeiten müssen die Gruben verfüllt und das Land renaturiert werden, aber diese Schritte werden oft vernachlässigt.

Es ist unrealistisch, zu meinen, dass wir den Bergbau abschaffen könnten. Aber es gibt Methoden für den Abbau von Bodenschätzen, die auf lange Sicht weniger schädlich sind. Umweltfreundlichere Bergbautechniken, die Wiederverwendung von Bergbauabfällen und die Sanierung von Bergbaustandorten sind nur einige der Dinge, die wir unterstützen können.[27]

Abbau von Seltenerdmetallen

In China nahm der Abbau von Seltenerdmetallen für die Herstellung von Hightech-Produkten wie Smartphones, Windturbinen und Elektrofahrzeugen in den 1990er-Jahren stark zu. Die Chemikalien, die zur Gewinnung dieser Elemente aus der Erde verwendet wurden, führten zu einer Verunreinigung des Bodens und des Wassers, und die Erdbewegungen hinterließen Narben im Land. Nach öffentlichen Protesten reagierte die chinesische Regierung mit strengeren Bergbauvorschriften.[28] Viele Minen wurden geschlossen, und lokale und staatliche Behörden leiteten Sanierungsinitiativen ein, wie die Abwasseraufbereitung und die Anpflanzung von Vegetation wie Bambus und Gräsern, um karge Flächen zu begrünen und die Erosion zu stoppen.[29]

Unsere täglichen Aktivitäten sind mit den Tiefen der Erde verbunden.

Bei der Wahl zwischen umweltfreundlichen Produkten und menschlichen Bedürfnissen gibt es oft Interessenkonflikte. Elektroautos und Windturbinen tragen zu einer besseren Zukunft für uns und die Umwelt bei. Aber wir müssen dafür sorgen, dass die Verfahren zu ihrer Herstellung (wie in diesem Fall die Gewinnung von Seltenerdmetallen) die Erde so wenig wie möglich schädigen. Auch umweltfreundliche Waren müssen von der Produktion bis zur Endnutzung verantwortlich gehandhabt werden. Für die Seltenerdmetalle in unserer Elektronik, wie z. B. Smartphones, besteht eine Lösung darin, sie ordnungsgemäß zu recyceln, damit ihre Teile für künftige Produkte wiederverwendet werden können.

## Sprengung von Bergkuppen

Eine weitere umstrittene Bergbauaktivität ist der Abbau ganzer Bergkuppen, eine relativ neue Methode zur Gewinnung von Kohle – die bekanntlich hoch umweltschädlich ist – durch Sprengung von Berggipfeln und Kuppen. Dabei werden nicht nur die Berge verunstaltet, sondern Millionen Tonnen von Gestein, Sand und Kohleschutt aus den Explosionen gelangen in die Atmosphäre und in die Täler, wo sie schließlich die Wasserläufe verschmutzen. Diese Bergbaupraxis wird in den USA besonders in den Appalachen angewendet. Gemeinden in der Nähe solcher Minen klagen über eine Zunahme von Herz-Kreislauf-Erkrankungen, Lungenkrebs und Fehlbildungen bei Neugeborenen.[30]

## Blutdiamanten

Was würdest du denken, wenn ich dir sage, dass möglicherweise ein weiteres Beispiel für unverantwortlichen Bergbau an deinem Finger steckt oder in deiner Schmuckschatulle liegt? Blutdiamanten oder Konfliktdiamanten sind Edelsteine, die von Rebellenbewegungen abgebaut und verwendet werden, um Gewalt und Krieg zu finanzieren und anzuheizen. In Angola, der Demokratischen

Republik Kongo, Liberia und Sierra Leone hat der Diamantenhandel Waffenkäufe finanziert und es bewaffneten Oppositionsgruppen ermöglicht, auf freiem Fuß zu bleiben, was zu unsäglichen Gräueltaten an Zivilisten und Terrorakten geführt hat.

Neben der Gewinnung von Diamanten ist auch der Abbau von Farbedelsteinen keineswegs frei von Grausamkeit. Die Erdbewegung schädigt Ökosysteme und verschmutzt Wassereinzugsgebiete. Der Abbau von Edelsteinen wie Smaragden, Rubinen und Saphiren ist für die Arbeiter und die Gemeinden im Umfeld oft gefährlich, doch gleichzeitig ist er in ländlichen Gebieten eine Möglichkeit, aus dem Teufelskreis der Armut auszubrechen. Diese Gemeinden brauchen Ressourcen und Schulungen für sicherere Arbeitsbedingungen und umweltfreundliche Methoden. Obwohl es in vielen Ländern Gesetze gibt, die ein Mindestalter für Arbeitnehmer vorschreiben, dokumentiert die Internationale Arbeitsorganisation (IAO) immer wieder Fälle von Kinderarbeit in den Minen und beim Schleifen und Polieren von Edelsteinen.[31] Das ist herzzerreißend und schlichtweg inakzeptabel.

→

Die meisten Mineralien und Edelsteine bilden sich unter bestimmten Bedingungen in der Erdkruste, mit Ausnahme von Diamant und Peridot, die viel tiefer im Erdmantel entstehen, wo sich das Magma befindet. Durch den sogenannten *Eruptionsprozess* steigt Magma durch vulkanische Röhren in die Erdkruste auf und kühlt ab, wobei es kristallisiert und die Mineralien sowie eine ganze Reihe wertvoller Edelsteine bildet.

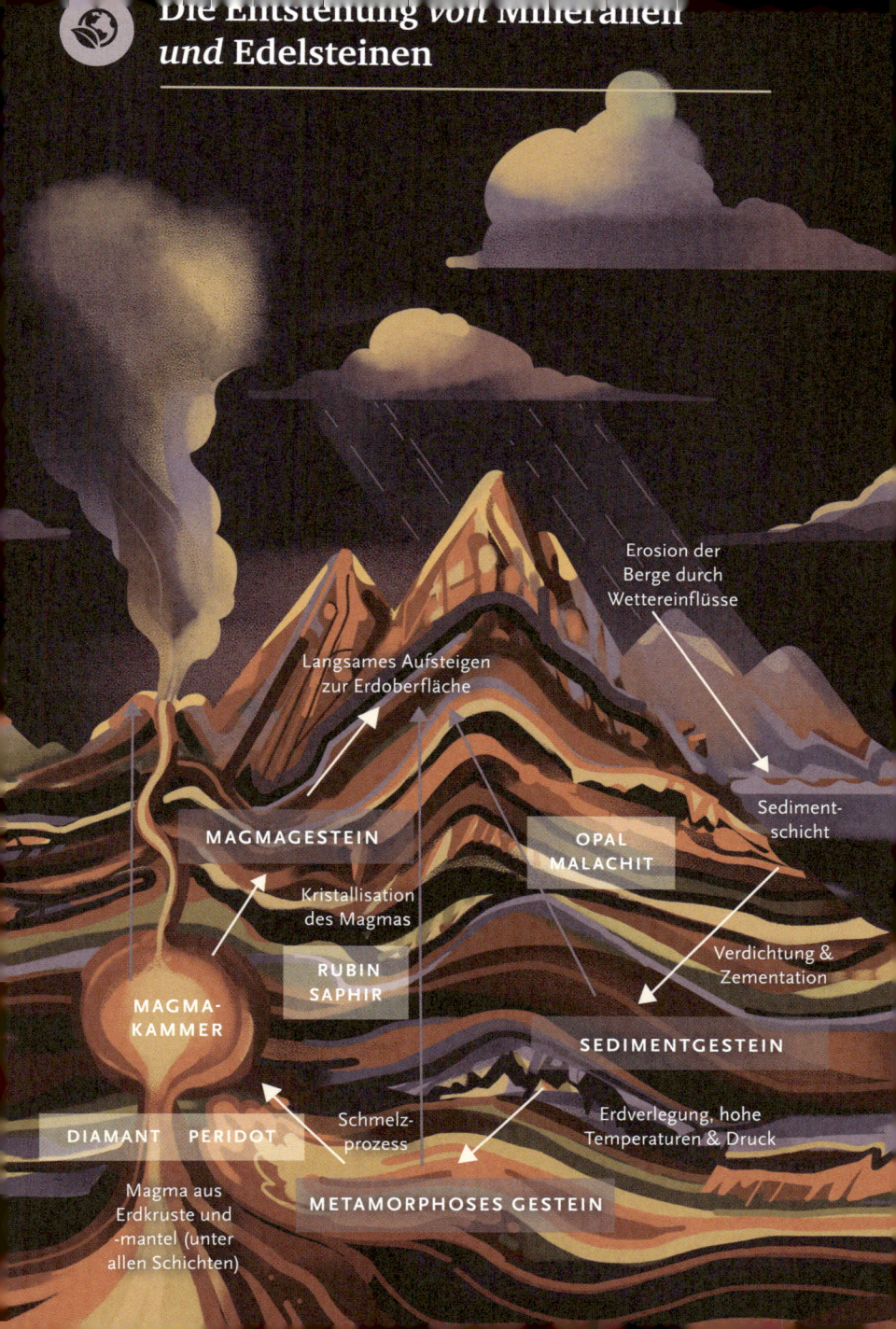

# Die Entstehung *von Mineralien* *und* Edelsteinen

Erosion der Berge durch Wettereinflüsse

Langsames Aufsteigen zur Erdoberfläche

**MAGMAGESTEIN**

**OPAL MALACHIT**

Sedimentschicht

Kristallisation des Magmas

**RUBIN SAPHIR**

Verdichtung & Zementation

**MAGMAKAMMER**

**SEDIMENTGESTEIN**

**DIAMANT   PERIDOT**

Schmelzprozess

Erdverlegung, hohe Temperaturen & Druck

Magma aus Erdkruste und -mantel (unter allen Schichten)

**METAMORPHOSES GESTEIN**

## UNSERE VERANTWORTUNG

Juwelen besitzen eine einzigartige Schönheit, und es ist nicht falsch, sie zu bestaunen und zu erwerben. Aber wir müssen uns fragen: Zu welchem Preis? Wir können es uns nicht leisten, zu ignorieren, woher unsere Besitztümer und Materialien kommen, und wir dürfen das menschliche Leid nicht ausblenden, wenn es Teil des Prozesses ist. Als Verbraucher haben wir die Verantwortung, den globalen Bergbausektor zu humanerem und umweltbewussterem Vorgehen zu bewegen, sicherere Arbeitsmöglichkeiten zu schaffen und dafür zu sorgen, dass das Land für die Gemeinden, die davon abhängig sind, produktiv bleibt.

> Wie gehen wir mit unserem Planeten um, während wir auf unser letztes, erneuertes und unzerstörbares Zuhause warten?

Wie gehen wir also heute mit unserem Planeten um, während wir auf unser letztes, erneuertes und unzerstörbares Zuhause warten (Hebräer 12,28)? Leben wir dem Glauben gemäß, wenn wir der Erde aus Gier etwas wegnehmen, ohne etwas zurückzugeben und sie für künftige Generationen zu bewahren?

## EINE BIBLISCHE PERSPEKTIVE

Wie können wir uns damit versöhnen, dass wir – oft ohne es zu wissen – von Gütern und Ressourcen der Erde profitieren, die mit unlauteren Mitteln gewonnen wurden? Oder damit, dass unsere Sünden oft Unterlassungssünden sind? Zunächst können wir unser Versäumnis und unsere Mitschuld anerkennen und betrauern und die Gnade Gottes empfangen, die er uns durch das Kreuz schenkt, an dem Jesus unsere Gier und unsere zerstörerischen Gewohnheiten getragen hat. In ihm finden wir den Weitblick und die Motivation, Veränderungen vorzunehmen. Der erste Schritt besteht darin, zu erkennen, dass es Gott ehrt, wenn wir die Umwelt gut behandeln. Gott hat uns die Fähigkeit gegeben, mit den zeitlichen Gütern der Erde auf eine Weise umzugehen, die seine Güte widerspiegelt, die natürliche Welt bewahrt und den Menschen dient, die auf sie angewiesen sind.

Mineralien und Edelsteine sind Ressourcen und Vorräte für unsere praktischen Bedürfnisse, aber wir müssen uns vor unkontrollierter Gier hüten. Die kostbaren Juwelen und Metalle der Erde wurden im geduldigen Wirken der Macht und des Willens Gottes gebildet. Ihre Gewinnung und Verwendung sollte seinem Charakter und seinen Wegen entsprechen.

### Die Berge und Gott beschützen uns

In der Heiligen Schrift hat das Volk Gottes oft Zuflucht in den Felsen und Höhlen der Berge gesucht, wenn es in Gefahr war. In Psalm 121 blickt der Psalmist zu den Bergen, während er Gottes Hilfe sucht.

Gott selbst wird mit den Bergen verglichen – als unsere Zuflucht und unser starker Schutz. In Psalm 125,2 heißt es: »So wie die Berge Jerusalem umgeben und schützen, so umgibt und schützt der Herr sein Volk, jetzt und für alle Zeit.« Doch Gott ist noch größer und unerschütterlicher als das massivste Gebirge, wie Psalm 46,2-4 beschreibt:

Gott ist unsre Zuflucht und unsre Stärke,
er hat sich als Hilfe in der Not bewährt.
Deshalb fürchten wir uns nicht, auch wenn die Erde bebt

und die Berge ins Meer stürzen,
wenn die Ozeane wüten und schäumen
und durch ihre Wucht die Berge erzittern!

**Die Mineralien sind Gottes einmalige Schöpfung**
»Es gibt Orte, an denen man Silber findet, und Stellen, wo das Gold gereinigt wird. Eisen wird aus dem Erdreich gefördert und aus Erzgestein schmilzt man Kupfer. Die Erde gibt Brot, doch unter der Oberfläche wird sie wie vom Feuer geschmolzen. Man findet Saphir im Gestein und im Boden Gold« (Hiob 28,1-2.5-6).

Silber, Kupfer, Saphire und Gold – alle Edelmetalle und Edelsteine – wurden in den Tiefen der Schöpfung unter der Aufsicht und dem Schutz Gottes gebildet. Damit sich diese einmaligen Kristalle bilden, braucht jedes Mineral besondere Bedingungen und Zutaten: die richtige Mischung von Elementen, hohen Druck und hohe Temperaturen, Raum und Zeit. Risse und Spalten tief im Boden haben die seltenen Voraussetzungen für die Bildung der riesigen Vielfalt von Mineralien geschaffen, die über den ganzen Globus verstreut und in ihm verborgen sind. Diese über Jahrtausende verborgene geologische Arbeit offenbart die Wunder des großen Alchemisten, Christus. In Johannes 1,3 heißt es: »Durch ihn wurde alles geschaffen, was ist. Es gibt nichts, was er, das Wort, nicht geschaffen hat.« Er ist der Schöpfer der Mineralien und kennt ihre Vorkommen ganz genau.

### Dauerhafte Schönheit

Kostbare Edelsteine und Metalle lehren uns auch etwas über eine dauerhafte Schönheit, die tief im Erdreich verborgen Epochen und Königreiche überdauert und nur entdeckt wird, wenn man gezielt danach sucht. Dies ist eine großartige Metapher für das Reich Gottes. In Matthäus 13,44 heißt es: »Das Reich der Himmel gleicht einem im Acker verborgenen Schatz, den ein Mensch fand und verbarg; und vor Freude darüber geht er hin und verkauft alles, was er hat, und kauft jenen Acker« (ELB). Stell dir mal diesen Schatz im Acker vor – vielleicht war es ein Kästchen voller Rubine oder anderer Edelsteine? Oder eine Truhe mit Gold?

Die Schätze des Reiches Gottes gleichen Edelsteinen im Blick auf ihre Haltbarkeit und ihren Wert – fast unzerstörbar, Jahrhunderte überdauernd. Andere Ressourcen rosten oder verfallen schneller und können mit den Gütern und Reichtümern dieser Welt verglichen werden, die schließlich vergehen. Aber die Schätze des Reiches Gottes überstrahlen und überdauern alles (Matthäus 6,19-21). Sie sind ewig.

> Kostbare Edelsteine und Metalle lehren uns etwas über dauerhafte Schönheit.

## WAS DU TUN KANNST

Praktische Lösungen für Elektronikschrott (Elektroschrott)
Es gibt innovative Wege, Materialien für die Herstellung neuer Produkte zu erhalten, ohne neue Rohstoffe aus der Erde zu gewinnen. So wurde zum Beispiel in einem Pilotprojekt auf Mülldeponien nach wertvollen Metallen und Materialien gesucht, die in den Produktionsprozess zurückgeführt werden können. Eine der besten und am leichtesten verfügbaren Lösungen ist das Recycling von Elektronik!

**WENIGER KAUFEN – MINIMALISMUS PRAKTIZIEREN**
- Wir sind ständig versucht, die neueste Version von Geräten (Handys, Laptops, Uhren, Fernseher usw.) zu kaufen, auch wenn unsere aktuellen Geräte noch gut funktionieren. Du hast die Möglichkeit, diesem Sog zu widerstehen! Lerne, mit den Geräten, die du bereits hast, zufrieden zu sein, und behandle sie so, dass sie lange halten.
- Kauf Elektronik nur dann, wenn deine aktuellen Geräte wirklich beschädigt oder unbrauchbar sind. Kauf wenn möglich gebrauchte und aufgearbeitete Produkte (das spart auch Geld!).
- Besuche ein Reparaturcafé – in *Repaircafés* kannst du gemeinsam mit Ehrenamtlichen deine Geräte reparieren. Manchmal braucht es nur eine Kleinigkeit und der Föhn oder das Radio funktionieren wieder.

**UPCYCLEN**
- Upcycling oder kreative Wiederverwendung sind innovative Wege, um unsere Güter länger zu nutzen, zu teilen, zu tauschen und umzuwidmen. Secondhandläden und Flohmärkte sind ein

guter Ort, um gebrauchte Haushaltsgegenstände und Geräte zu finden.

▶ Finde oder gründe Gemeinschafts- oder Nachbarschaftsforen, in denen Geräte kostenlos geliehen oder abgegeben werden können. (Nicht jeder braucht einen eigenen Winkelschleifer.)

**ELEKTRONIK ORDNUNGSGEMÄSS ENTSORGEN**

▶ Viele Hightech-Produkte sind leider nicht auf Langlebigkeit ausgelegt. Solange dies der Fall ist, müssen wir unsere elektronischen Geräte verantwortungsvoll recyceln. Viele enthalten Giftstoffe und gehören nicht auf die Mülldeponie.

▶ Elektronische Geräte dürfen nicht zusammen mit anderen Abfällen entsorgt werden, da ihr Recycling einen aufwendigeren Prozess der Zerkleinerung und Sortierung erfordert, um die wiederverwendbaren Teile auszusortieren. Du kannst sie im Laden zurückgeben oder zum Wertstoffhof bringen.

▶ Oder verkaufe deine Geräte doch als »defekt« im Internet – ein anderer freut sich über die Ersatzteile oder kann das Gerät vielleicht sogar reparieren.

▶ In einem Smartphone stecken rund 30 verschiedene Metalle – darunter auch einige Milligramm Gold, Silber, Palladium und Platin – sowie die sogenannten »seltenen Erden« Cer und Neodym. Mit einer Million recycelter Handys können etwa 16000 kg Kupfer, 350 kg Silber, 34 kg Gold und 15 kg Palladium zurückgewonnen werden.[32]

▶ An manchen Orten gibt es Sammelstellen für Laptops und Handys, der Gewinn kommt gemeinnützigen Vereinen zugute.

## Nutze deine Kaufkraft

Kaufe bewusst ein, um sicherzustellen, dass der Schmuck, mit dem du dich besonders schön fühlst, auch dazu beiträgt, den Planeten zu verschönern und Menschen vor Schaden zu bewahren. Hilf mit, die Nachfrage nach Mineralien zu steigern, die unter ethischen Gesichtspunkten gewonnen und verarbeitet werden, was wiederum zu besseren Bedingungen für Bergleute, Edelsteinschleifer und Gemeinden in ländlichen Gegenden auf der ganzen Welt führen wird.

### FÖRDERE UMWELTBEWUSSTE UNTERNEHMEN

Wenn es um Mineralien aus ethischen Quellen geht, ist die Lieferkette der Schlüssel. Die Rückverfolgung eines Minerals vom Verkauf bis zu einer bestimmten Mine kann eine Herausforderung sein. Ein Edelstein oder Edelmetall wird oft in einem Land abgebaut und dann in einem anderen Land gehandelt und exportiert. Anschließend wird beides in Fabriken und Werkstätten zu Schmuckstücken verarbeitet und schließlich an Einzelhändler verkauft. Wenn das Schmuckstück dann zum Verkauf steht, kann es sehr schwierig sein, seine Herkunft zu erkennen.[33] Hier einige Informationen über Organisationen und Unternehmen, die dabei helfen können:

▶ Kaufe Schmuck von Unternehmen, die bei der Beschaffung von Edelsteinen, Silber und Gold verantwortungsbewusst vorgehen. Der *Responsible Jewelry Council* (RJC) ist eine führende Organisation zur Festlegung ethischer Standards für die weltweite Schmuck- und Uhrenindustrie.

▶ Mehr als 1 200 Unternehmen sind Mitglieder von RJC. Du kannst online nachsehen, welche Unternehmen die höchsten Zertifizierungsstandards erreicht haben, einschließlich des *Chain-of-Custody*-Standards, der eine Dokumentation der Einhaltung ethischer Standards entlang der Lieferkette erfordert.

- *Tiffany & Co.* kann sein neu abgebautes Gold bis zur Mine zurückverfolgen und kontrolliert regelmäßig die Abbauaktivitäten.
- *Pandora* ist ein weiteres Schmuckunternehmen, das mit gutem Beispiel vorangeht und eine ethisch vertretbare Lieferkette von Grund auf sicherstellt.
- Das kanadische Unternehmen *Fair Trade Jewellery Co.* importiert Gold aus handwerklich betriebenen Minen in der Demokratischen Republik Kongo, das vollständig rückverfolgbar ist. Immer mehr Juweliere beziehen ihr Gold aus im Kleinbergbau betriebenen Minen, die nach dem Fairtrade- oder Fairmined-Standard zertifiziert sind. Achte beim Kauf darauf.[34]
- Die *Maendeleo*-Diamantenstandards (eine Weiterentwicklung der ursprünglichen Zertifizierung für konfliktfreie Diamanten, des *Kimberley*-Prozesses) konzentrieren sich auf gute Arbeitsbedingungen, die Durchsetzung von Gesetzen zur Vermeidung von Kinderarbeit und Umweltschutz.
- Nachhaltige, ethisch vertretbare Edelsteine können auch bei Kleinproduzenten und Fachhändlern erworben werden. Informiere dich bei Fairtrade Deutschland, Fairtrademinerals und im Internet unter dem Stichwort »Diamanten aus fairem Handel«.

**KAUFE RECYCELTEN SCHMUCK**
- Schmuck aus recyceltem Material oder Schmuck aus zweiter Hand sind gute nachhaltige Optionen. Einige Schmuckhersteller verwenden nur Metalle, die geschmolzen und wiederverwendet werden können.
- Kleine Schmuckgeschäfte, die auf ethische Methoden setzen, verwenden eine Kombination aus recycelten Materialien, Edelsteinen aus ethischen Quellen und im Labor gezüchteten Diamanten. Informiere dich im Internet unter dem Stichwort »Diamanten aus dem Labor«.

**WARUM NICHT SYNTHETISCHE EDELSTEINE TRAGEN?**
► Im Labor hergestellte Edelsteine können eine nachhaltige, konfliktfreie Alternative sein. Erkundige dich bei Händlern von synthetischen Edelsteinen nach den Arbeitsbedingungen ihrer Edelsteinschleifer und Angestellten.

**Beteilige dich an Kampagnen für ethische Praktiken**
Nimm dir Zeit, mehr über die komplexen Probleme des Mineralienabbaus, der Abtragung von Bergen und der Konflikt-Edelsteine zu erfahren. Finde einen Aspekt, der dich besonders bewegt, und überlege, ob du eine entsprechende Initiative finanziell oder ehrenamtlich unterstützen willst.

**UNTERSTÜTZE KAMPAGNEN**
► *Amnesty International* und *Global Witness* üben Druck auf die Diamantenindustrie aus, damit sie den Kimberley-Prozess (ein globales Rückverfolgungssystem, das die Herkunft der Edelsteine bestätigt und sicherstellt, dass sie nicht aus einem Kriegsgebiet stammen) verbessert und effizient umsetzt.

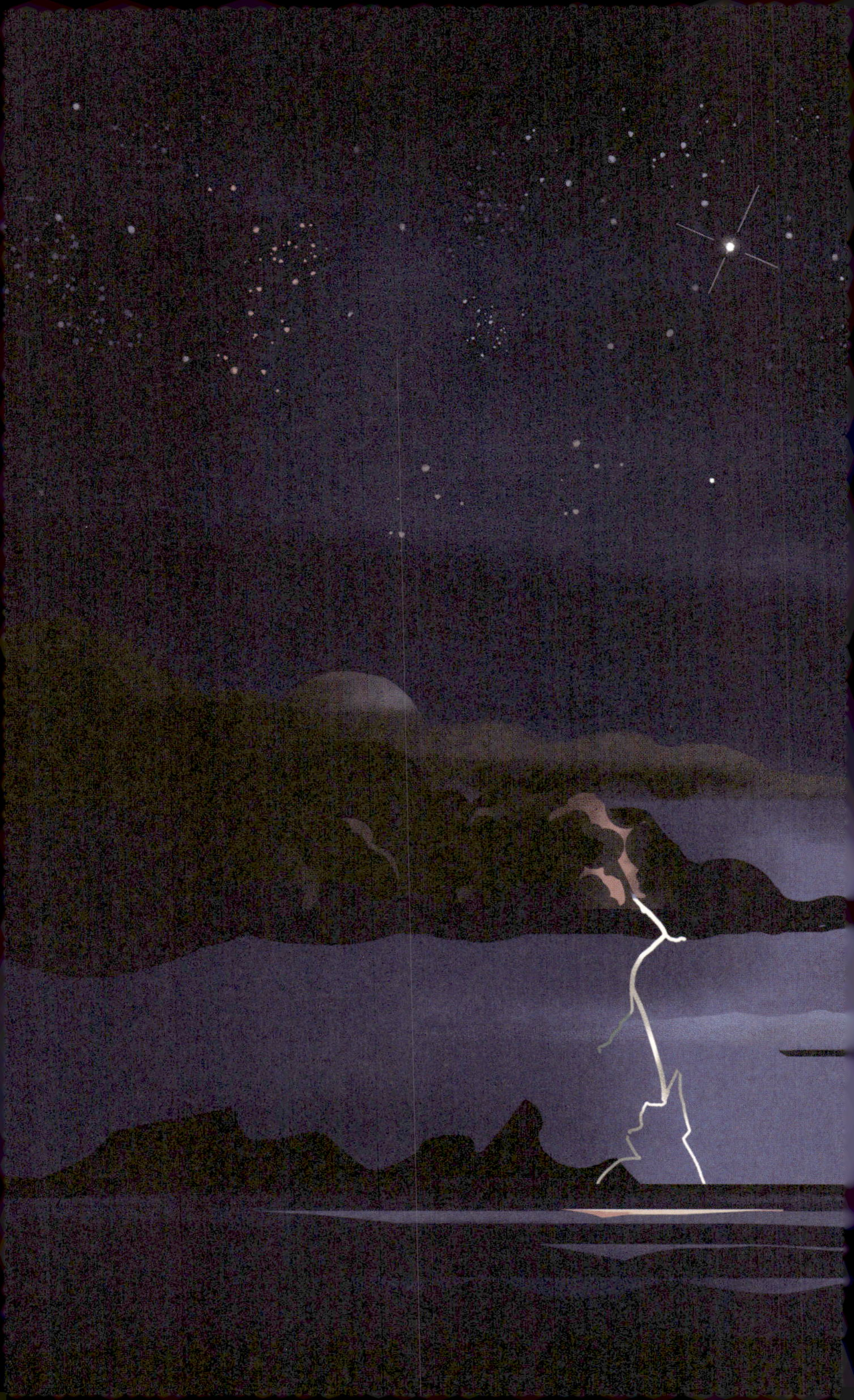

KAPITEL 4

# HIMMEL UND LUFT

Atem und Blick in den Himmel

Denn deine Gnade ist höher als der Himmel und deine
Treue reicht, so weit die Wolken ziehen. HERR, erhebe
dich über den höchsten Himmel und deine Herrlichkeit
erfülle die ganze Erde.
PSALM 108,5-6

---

Der Himmel ist faszinierend. Er leitet Elektrizität, und Blitze zucken in unregelmäßigen Zacken aus weiß glühendem Licht. Sonneneruptionen interagieren mit dem Magnetfeld der Erde und den atmosphärischen Gasen und erzeugen die leuchtenden smaragd- und magentafarbenen Wellen der Polarlichter. Sonnenuntergänge und Sonnenaufgänge bringen die Menschen täglich zum Staunen über die Schöpfung. Sie sind Gottes Gemälde, himmlische Leinwände, die uns seine Pracht und Herrlichkeit zeigen.

> Sonnenuntergänge und Polarlichter sind Gottes Gemälde, himmlische Leinwände, die seine Pracht und Herrlichkeit zeigen.

Wenn wir von der Erde aus in den Himmel schauen, gehört jeder Stern, den wir mit bloßem Auge sehen, zu unserer Galaxie. An abgelegenen Orten ist der Himmel manchmal klar genug, um die Milchstraße und die Andromeda-Galaxie zu sehen. Wenn wir nachts aus dem Weltraum auf die Erde blicken, sehen wir ein Netz von Lichtern, die sich in den Städten konzentrieren und sich in die kleineren Orte verstreuen. Wir leben in einer Zeit unglaublicher Technologie und der Erforschung des Weltraums, die es uns ermöglicht, zu sehen und zu erforschen, was die Psalmisten »die Himmel« genannt haben. Die Luft und der Himmel über uns sind ungeheuer weit und schön, das wissen wir aus der Beobachtung von Sternen, Gewittern, Sonnenauf- und

-untergängen – und sie sind es wert, beachtet und geschützt zu werden.

## DIE SCHÄDLICHEN AUSWIRKUNGEN DER UMWELTVERSCHMUTZUNG

Leider beeinträchtigt der Mensch durch seine Licht- und Luftverschmutzung sowohl die Sichtbarkeit des Himmels als auch die Qualität der Luft, die wir atmen.

### Lichtverschmutzung

Als die Menschen herausfanden, wie man Elektrizität für künstliches Licht nutzen kann, war das eine bemerkenswerte Leistung. Es hat die Medizin vorangebracht, die Sicherheit bei Nacht verbessert und Licht in unsere Häuser gebracht. Leider bringt die Elektrizität aber auch Lichtverschmutzung mit sich, künstliches Licht, das unsere Sicht auf den Nachthimmel behindert. Die übermäßige Beleuchtung in unseren Städten verdeckt heute den Blick auf die Sterne. Die Lichtverschmutzung kann auch unsere Schlafgewohnheiten verändern, die Überwinterungs-, Fütterungs- und Fortpflanzungsmuster von Tieren durcheinanderbringen und den Vogelzug stören.[35]

Tagsüber beeinträchtigt Dunst Städte, landschaftlich reizvolle Gebiete und Nationalparks und den Himmel über ihnen. Dunst entsteht, wenn das Licht auf Verschmutzungspartikel in der Luft trifft, sie trüben, was wir sehen, und beeinträchtigen die Klarheit und die Farben.[36] Vielleicht hast du schon einmal den Smog gesehen, der sich wie eine schmutzige Wolke über Megastädte wie London oder Los Angeles legt? Ziemlich betrüblich, nicht wahr? Diese getrübte Sicht war in der ursprünglichen Gestaltung des Himmels nicht vorgesehen.

# Aspekte *der* Luftverschmutzung

**CHEMISCHE UMWANDLUNG**
Ozonzerstörung

*Stratosphäre*

**CHEMISCHE UMWANDLUNG**
Ozonbildung

*Troposphäre*

**EMISSIONEN DES FLUGVERKEHRS**

*Freie Troposphäre*

Großflächige Verbreitung von Aerosolen und Gasen

**CHEMISCHE UMWANDLUNG**
Ablagerung von Schadstoffen

**SAUBERE MEERES-VERDUNSTUNG**

*Grenzschicht*

**INDUSTRIE**

**STÄDTE**

Schwefelemissionen von Schiffen

**VERKEHR**

**LANDWIRTSCHAFT**

**WALDBRÄNDE**

**SCHIFFSINDUSTRIE**

**WÜSTENSTAUB**

**VERBRENNUNG VON BIOMASSE**

Luftverschmutzung

Die Erdatmosphäre wirkt wie ein Schutzschild, der schädliche UV-Strahlen der Sonne und zerfallende Meteoriten abhält und gleichzeitig allen Lebewesen auf der Erde Luft zum Atmen bietet.

Die Atmosphäre besteht aus lebenserhaltenden Gasen: 78 Prozent Stickstoff und 21 Prozent Sauerstoff, mit kleineren Mengen an Kohlendioxid, Helium und Neon. Luftverschmutzung entsteht, wenn diese Anteile unnatürlich verändert oder giftige Elemente hinzugefügt werden. Die Verschmutzung hat nachteilige Auswirkungen auf die Ökosysteme und auf die menschliche Gesundheit.

Eine der häufigsten und problematischsten Arten der Luftverschmutzung ist Feinstaub, eine Mischung aus festen Partikeln und Lufttröpfchen, die leicht genug sind, um in der Luft zu schweben. Dazu gehören Staub, Pollen, Ruß oder Rauch, aber die beunruhigendere Sorte besteht aus chemischen Stoffen, die von Kraftwerken und Kraftfahrzeugen ausgestoßen werden. Feinstaub gelangt in unsere Atemwege, dringt in unsere Lunge ein und kann sogar im Blutkreislauf aufgenommen werden. Andere schwerwiegende Formen der gasförmigen Luftverschmutzung sind Stick-

> Der Einsatz für saubere Luft ist ein Einsatz für das Leben.

←

Wenn sich feste und flüssige Partikel – zusammen mit bestimmten Gasen – in der Luft absetzen, bilden sie Luftverschmutzung. Diese Gase und Aerosole entstehen durch alles Mögliche, von Staub, Pollen und Schimmelsporen bis hin zu Autoabgasen, Massentierhaltung und Waldbränden. Die meiste Luftverschmutzung wird durch die Verbrennung fossiler Brennstoffe, den Verkehr, die Landwirtschaft, Mülldeponien und Industrieabgase verursacht.

stoffdioxid, Schwefeldioxid und Ozon. Auch Kohlendioxid gilt als Luftschadstoff, wenn sein Gehalt die natürlichen Grenzwerte deutlich überschreitet, es hat sehr negative Auswirkungen auf Öko- und Klimasysteme.

Der größte Teil der Luftverschmutzung stammt aus dem Verkehr, gefolgt von Kraftwerken, Industrieöfen, Ziegelbrennöfen, Landwirtschaft und der unkontrollierten Verbrennung von Abfällen wie Plastik und Batterien.[37] In Haushalten sind Holz- oder Kohleherde und -heizungen, die in einigen Regionen der Erde verwendet werden, Ursachen für die Luftverschmutzung. Die Luftverschmutzung kann die Atemwege, das Gehirn und das Herz beeinträchtigen. Feinstaub ist besonders problematisch für schwangere Frauen, da er das Risiko von Frühgeburten, Untergewicht des Babys oder Totgeburten erhöht. Feinstaub wird auch mit Demenz und einem erhöhten Auftreten von Krebs, einschließlich Lungenkrebs, in Verbindung gebracht. In den USA trägt die Luftverschmutzung jedes Jahr zu etwa sieben Millionen vorzeitigen Todesfällen bei.[38] Der Einsatz für saubere Luft ist ein Einsatz für das Leben.

### LUFTVERSCHMUTZUNGSKRISE IN DER MONGOLEI

Im Jahr 2018 kam es in der Mongolei zu einer Gesundheitskrise, als die Luftverschmutzung in Ulaanbaatar mehr als das Hundertfache des zulässigen Grenzwerts erreichte. Eine große Anzahl Menschen war in die kälteste Hauptstadt der Welt gezogen, da es nur dort Arbeitsplätze gab, sodass nun knapp die Hälfte der Gesamtbevölkerung dort lebte. Dieser Bevölkerungszustrom führte zu einem starken Anstieg der Kohleheizungen, da Kohle und Holz die einzige erschwingliche Option für die meisten war und auch Zentralheizungen mit Kohlekraftwerken betrieben wurden.[39]

Die Situation wurde so schlimm, dass immer häufiger Kinder, deren Lungen sich noch in der Entwicklung befanden, auf den

Intensivstationen behandelt werden mussten. Viele litten an Husten und Lungenentzündung. Die Stadt war ständig in eine Smogwolke gehüllt, also in eine Mischung aus Rauch und Nebel. Aber weil die Stadt der Ort war, an dem es Arbeitsplätze gab, konnten viele Familien nicht wegziehen.

## UMWELTVERSCHMUTZUNG UND ARMUT

Die Mehrheit der Weltbevölkerung lebt an Orten, an denen die Luftqualität nicht den Richtlinien der Weltgesundheitsorganisation entspricht. Menschen, die in Ländern mit niedrigem und mittlerem Einkommen wohnen, sind unverhältnismäßig stark von der Luftverschmutzung betroffen, und städtische Gebiete sind besonders anfällig für gefährliche Smogwerte.[40]

In den USA leiden Afroamerikaner und Menschen mit Migrationshintergrund am meisten unter der Luftverschmutzung und den damit verbundenen Krankheiten und Todesfällen.[41] Wohnungen in der Nähe von umweltschädlichen Kraftwerken und stark befahrenen Straßen sind billiger, und die Nachwirkungen des »Redlining« – einer inzwischen illegalen systematischen und rassendiskriminierenden Verweigerung von Finanzdienstleistungen wie Krediten oder Hypotheken – halten Familien in Armutsvierteln in Gebieten mit hoher Luftverschmutzung fest. Dies schädigt Kinder, deren Spielplätze und Schulen sich in der Nähe von Industrieanlagen befinden, und führt zu einer Zunahme von Asthmasymptomen und -anfällen.

## UNSERE VERANTWORTUNG

Wir können vielleicht nicht die gesamte Licht- und Luftverschmutzung beseitigen – und da die Weltbevölkerung wächst, werden wir sicher noch mehr Probleme mit der Luftqualität und der Lichtverschmutzung bekommen –, aber wir können viel tun, um den Schaden zu begrenzen und umzukehren. Es ist an der Zeit, Lösungen zu unterstützen, die unsere Luft sauberer und gesünder machen. Mit all den technologischen Fortschritten bei den Energieoptionen können wir die Luft für alle reiner halten. Saubere gute Luft sollte für alle verfügbar sein. Gott hat uns die Weite des Himmels geschenkt, und wir sind dafür verantwortlich, dieses unschätzbare Geschenk zu pflegen und zu schützen.

## EINE BIBLISCHE PERSPEKTIVE

Gott hat jeden Teil dieses Planeten im Blick, auch jeden, der zerstört und kaputt ist. Das schließt die Probleme der Atmosphäre ein. Seine Barmherzigkeit gilt auch unseren Fehlern und unserem Versagen im Umgang mit der Schöpfung. In dem oft zitierten Satz aus Johannes 3,16: »Denn so hat Gott die *Welt* geliebt, dass er seinen einzigen Sohn gab« (ELB), steht für Welt das griechische Wort *kosmos*. Er bezieht sich auf das ganze Universum. Das bedeutet: Gott gab seinen Sohn nicht nur, um dich und mich und unsere Familien zu erlösen, sondern um die ganze Erde zu erlösen. Liebst du die Welt so, wie Gott sie liebt? Wirst du im Rahmen dieser Erlösung für sie sorgen?

> Saubere gute Luft sollte für alle verfügbar sein.

Eine Demonstration der Schöpferkraft Gottes
Der Anblick des Himmels verrät uns etwas über den Schöpfer. Die Weite des Weltraums ist ein blauschwarzer Wandteppich mit unzähligen Sternen, die in Haufen zusammengeballt oder als leuchtender Staub ausgebreitet sind. Psalm 19,2 sagt es deutlich: »Der Himmel verkündet die Herrlichkeit Gottes und das Firmament bezeugt seine wunderbaren Werke.« Wir müssen dafür sorgen, dass die Herrlichkeit der natürlichen Himmelslichter Gottes mehr Bereiche unserer Welt erreicht. Saubere Luft und freie Sicht auf den Himmel tragen dazu bei, das Zeugnis von Gottes Herrlichkeit in der Schöpfung zu schützen, damit heutige und künftige Generationen weiterhin vom Anblick des Sternenhimmels ergriffen werden und über den Schöpfer des Kosmos staunen können.

Gott ist für uns
Der Himmel und der Weltraum sind nicht nur wunderschön, sondern auch perfekt geplant, und sie zeigen uns, dass Gott alles in der Hand hat. Die Arten von Gasen und ihr Verhältnis in unserer Atmosphäre sind exakt darauf abgestimmt, dass auf unserem Planeten Leben gedeihen kann. Die Einzigartigkeit der Atmosphäre dient der natürlichen Welt, die sie umgibt, denn Menschen und Pflanzen teilen sich Sauerstoff und Kohlendioxid, um zu leben und zu atmen.

Außerhalb der Milchstraße bewegen sich Milliarden anderer Galaxien durch das Universum, das sich immer weiter ausdehnt. Das Hubble-Weltraumteleskop hat eine Galaxie gemessen, die sich mit 4,8 Millionen Kilometer pro Stunde von uns entfernt. Gott initiiert und erhält die Energie, die Schwerkraft und die planetarischen Kräfte des Kosmos. Auf sein Geheiß dehnt sich

> Auf Gottes Gebot dehnt sich das Universum aus, ziehen Galaxien durch den Raum und werden Sonnensysteme erhalten.

das Universum aus, ziehen Galaxien durch den Raum und werden Sonnensysteme erhalten.

In Psalm 46,11 fordert Gott uns auf: »Lasst ab und erkennt, dass ich Gott bin!« (ELB). Dieser Vers regt uns an, darüber nachzudenken, wer das Universum in der Hand hält. Wer hat die Erde genau im richtigen Abstand zur Sonne platziert, damit der Planet nicht verbrennt oder erfriert? Der Gott des Himmels und der Milchstraße, der Gott, der die Erde perfekt gemacht hat, damit du und ich dort leben können – vertraust du ihm? In der Hektik und den Wirren des Lebens sind wir eingeladen, im Gebet vor Gott zu treten und ihm unsere Ängste vor ökologischen Krisen anzuvertrauen und sie von ihm besänftigen zu lassen. Betrachte den Himmel, um über deinen Platz auf der Erde nachzudenken, und bitte Gott um Rat, wie du deinen Teil zur Lösung von Umweltproblemen wie der Luftverschmutzung beitragen kannst.

## WAS DU TUN KANNST

### Nimm dir Zeit, den Nachthimmel zu bewundern

Wann hast du dir das letzte Mal die Zeit genommen, um nach oben zu schauen und die Sterne, Planeten und Sternbilder zu bewundern? Wenn wir die Atmosphäre um uns und den Himmel über uns bestaunen, fühlen wir uns stärker mit diesem Teil der Schöpfung verbunden und sind motiviert, besser dafür zu sorgen.

**BESTAUNE DEN STERNENHIMMEL UND DEN BLICK INS ALL**
- Auf der Seite *Astronomy Picture of the Day*[42] von der NASA findest du Bilder aus dem Kosmos, die mit modernen Technologien aufgenommen wurden. Diese Bilder von Galaxien, Nebeln, Sternen, Planeten und anderen astrologischen Sehenswürdigkeiten wecken Ehrfurcht und Staunen vor unserem Schöpfer und können ein wunderbarer Beginn deiner morgendlichen Gebetszeit sein.
- Lade dir Apps für Sternenbeobachtung oder Sternbilder herunter, etwa *Star Walk*. Damit kannst du dein Handy auf den Himmel richten und erfahren, welche Sterne und Sternbilder du gerade siehst.
- Vielleicht kannst du in deiner Region sogar Polarlichter bewundern? Bis 2025 sieht man diese aufgrund der erhöhten Sonnenaktivität auch in Mitteleuropa.[43]

**BESUCHE EIN LICHTSCHUTZGEBIET ODER EINEN STERNENPARK**
- Auf www.darksky.org oder www.lichtverschmutzung.de findest du Lichtschutzgebiete und Sternenparks in deiner Nähe, wo du den Nachthimmel ohne Lichtverschmutzung betrachten kannst.

## Verbessere und kontrolliere die Luftqualität

Wir können die Möglichkeiten zur Luftreinigung nutzen, die Gott in der Schöpfung angelegt hat, indem wir Grünpflanzen und Bäume pflanzen, entweder im eigenen Garten oder mit einer örtlichen Umweltorganisation.

**PFLANZ EINEN BAUM**
▶ Bäume sind natürliche Luftfilter, die Luftschadstoffe wie Schwefeldioxid, Ozon, Stickoxide und Feinstaub entfernen.

**BEOBACHTE DIE LUFTQUALITÄT IN DEINER UMGEBUNG**
▶ Viele Städte verfügen über Systeme zur Überwachung der Luftqualität, die kontinuierlich Luftschadstoffe messen und deren Ergebnisse online und über Apps abgerufen werden können.
▶ Lade dir die App »Luftqualität« des Umweltbundesamtes (UBA)[44] herunter, um deine Belastung durch Luftverschmutzung zu verfolgen. Die App wird stündlich aktualisiert und ist rund um die Uhr verfügbar. Bleib auf dem Laufenden über die Luftqualität und teile deine Erkenntnisse mit Freunden.

## Verringere Lichtverschmutzung und Dunst

Achte darauf, welche Lichtquellen du verwendest. So kannst du unsere Sicht auf den nächtlichen Himmel verbessern und vermeiden, dass Zugvögel ihre Orientierung verlieren.

**SCHALTE LICHTQUELLEN AUS**
▶ Lass dein Licht so oft wie möglich aus, um die Lichtverschmutzung zu reduzieren, deine Energierechnung zu senken und deinen ökologischen Fußabdruck zu verringern.

- Stell um auf LED-Beleuchtung. LEDs reduzieren die Beleuchtungsstärke, gewährleisten aber dennoch ausreichend gutes Sehen. LED-Beleuchtung reduziert auch den Energieverbrauch und minimiert die Emission von blauem Licht, das für das Verhalten, die Fortpflanzung und die Migration von Wildtieren schädlich ist.
- Kauf Lampen, die die Lichtverschmutzung reduzieren. Sie sollten das Licht dorthin lenken, wo es gebraucht wird, und überschüssiges Licht nicht in den Himmel abstrahlen. Achte besonders beim Kauf von Lampen für draußen darauf, dass sie zielgerichtet leuchten, und verwende Lampen mit Bewegungsmelder.
- Unterstütze Dark-Sky-Initiativen in deiner Region, indem du mit Lokalpolitikern sprichst. Informiere dich unter Stichworten wie »Lichtverschmutzung« oder »Sternenpark«, ob es örtliche Initiativen gibt, die sich für eine Verringerung der Lichtverschmutzung einsetzen, und überlege, ob du dich dort engagieren willst.

## Verringere Luftverschmutzung

Viele unserer täglichen Aktivitäten beeinflussen die Luft, die wir atmen. Unsere Entscheidungen in den Bereichen Wohnen, Verkehr und Konsum können dazu beitragen, die Verschmutzung zu verringern und unsere Wohnorte gesünder zu erhalten. Vieles, was hilft, Energie zu sparen, verringert gleichzeitig die Luftverschmutzung.

### MACH DEIN AUTO GRÜN
- Prüfe regelmäßig den Reifendruck. Wenn der Reifendruck niedrig ist, wird mehr Kraftstoff verbraucht.
- Reduziere das Gewicht deines Fahrzeugs, indem du nicht benötigte Gegenstände aus dem Auto entfernst. Eine geringere Beladung des Fahrzeugs wird deinen Kraftstoffverbrauch senken.

**FAHR WENIGER AUTO**
- Eine der besten Möglichkeiten, Luftverschmutzung zu reduzieren, ist, weniger Auto zu fahren. Dies geht zum Beispiel ganz einfach, indem du mehrere Besorgungen auf einmal erledigst.
- Nutze Park & Ride, das Fahrrad, öffentliche Verkehrsmittel und/oder Fahrgemeinschaften. Organisiere eine Fahrgemeinschaft mit Kollegen oder Kommilitonen oder suche nach lokalen Mitfahrdiensten.
- Wenn du nur selten ein Auto benötigst, könntest du auf Carsharing umsteigen.

**ENERGIE SPAREN**
- Nutze erneuerbare Energien, indem du »grünen Strom« kaufst oder zum Beispiel durch ein Balkonkraftwerk, eine Solar- oder Solarthermieanlage.
- Sorge für die passende Wärmedämmung.
- Verwende energiesparende Geräte und schalte diese aus, wenn sie nicht benutzt werden.
- Zieh einen dicken Pulli und Socken an und dreh die Heizung runter. Achte dabei aber darauf, dass die Wohnung nicht auskühlt, ideal sind je nach Raum Temperaturen von 16 bis 20 Grad Celsius.

**WAS DU SONST NOCH TUN KANNST**
- Verzichte auf ein privates Silvesterfeuerwerk und schau dir lieber ein öffentliches an – das ist sowieso viel schöner.
- Iss weniger Fleisch – bei der Tierhaltung werden große Mengen Ammoniak freigesetzt.

# Setz dich für politische Lösungen ein und unterstütze gemeinnützige Initiativen gegen Luftverschmutzung

Wenn sich die Luftverschmutzung der unmittelbaren Kontrolle des Einzelnen entzieht, ist es möglich, politische Maßnahmen und Verordnungen zu unterstützen, die auf eine Verringerung der Emissionen und der Verschmutzung hinwirken und den Übergang zu sauberen Alternativen fördern. Viele Organisationen, die sich mit Fragen der Luftverschmutzung auskennen, leisten auf lokaler Ebene wertvolle Arbeit.

**TRITT EIN FÜR DIE REDUZIERUNG VON EMISSIONEN UND SAUBERE ENERGIELÖSUNGEN**

▶ Nimm Kontakt zu deinen Abgeordneten auf, um mit ihnen über Luftverschmutzungsnormen und Möglichkeiten der Reduzierung von Luftverschmutzung in deiner Region zu sprechen.

▶ Dazu gehören Themen wie der Übergang zu sauberen Technologien, die die Schornsteinemissionen reduzieren, verbesserte und verstärkte Anreize für die Nutzung öffentlicher Verkehrsmittel, Anreize zur Förderung der Einbindung von erneuerbaren Energiequellen in das Stromnetz (Sonne, Wind, Wasserkraft) und Anreize für die Bevölkerung für die Solarstromerzeugung auf Hausdächern und durch Balkonkraftwerke.

**UNTERSTÜTZE GEMEINNÜTZIGE UMWELTINITIATIVEN**

▶ *ClientEarth* ist eine gemeinnützige Umweltrechtsorganisation, die sich weltweit für den Schutz der Umwelt einsetzt.

▶ Die Kampagne *BreatheLife* mobilisiert Gemeinden, um die Auswirkungen der Luftverschmutzung auf Gesundheit und Klima zu reduzieren.

- Das *WISE Women's Clean Cookstoves Project* klärt Frauen in Nigeria über saubere Kochherde auf und bietet ihnen Schulungen, Finanzierungsmöglichkeiten und Informationen zum Kauf eines Ofens.

- *Project Drawdown* und die *Global Peace Foundation* haben globale Projekte zur Versorgung von Gemeinden mit sauberen Kochherden.

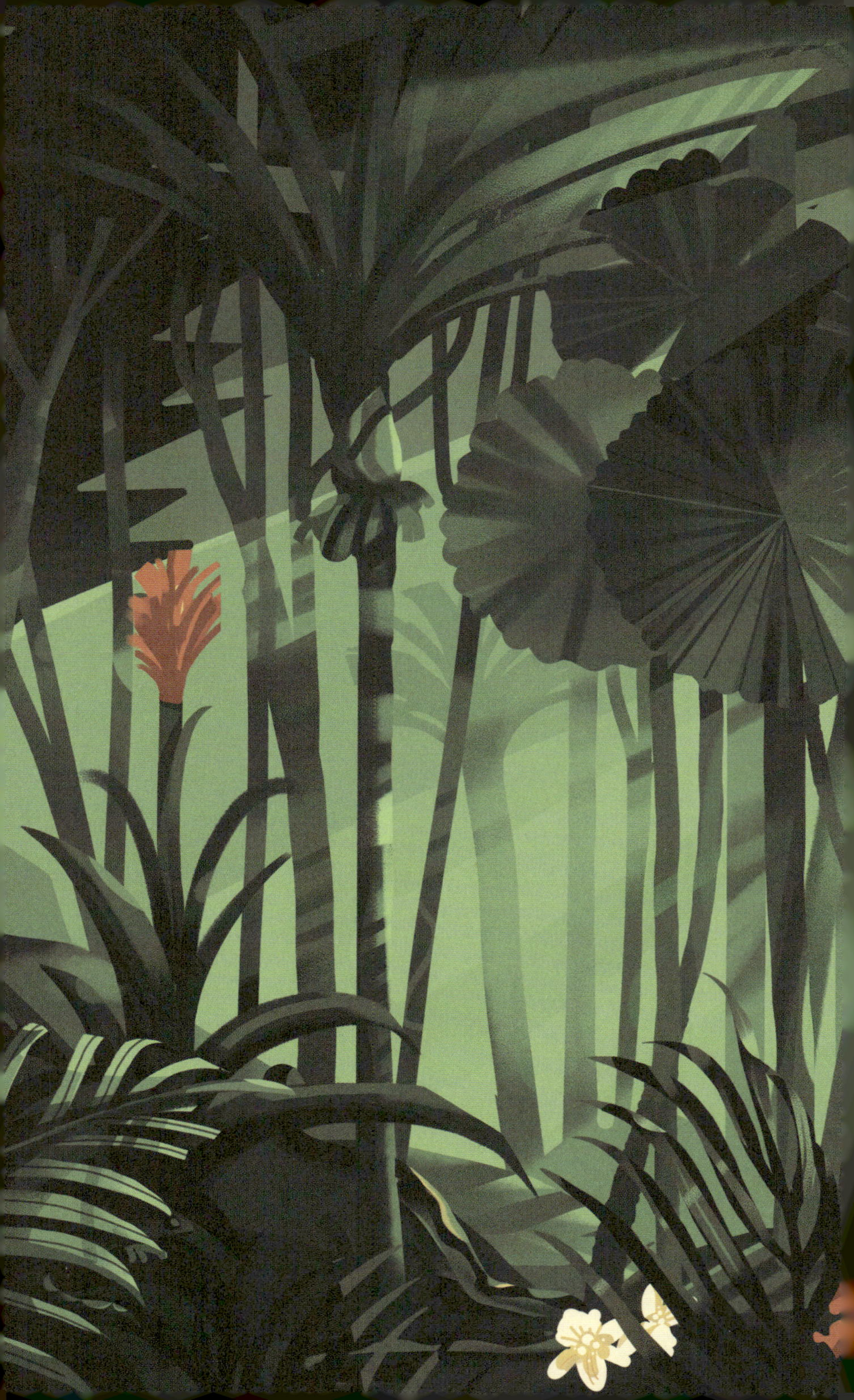

KAPITEL 5

# WALDGEBIETE

Die verschwindenden Wälder

Auf der Erde wuchs Gras sowie Pflanzen und Bäume, die Samen trugen. Und Gott sah, dass es gut war.

1. MOSE 1,12

Die Wälder der Erde beherbergen eine erstaunliche Vielfalt von Baumarten, jede optimal angepasst an Standort und Klima. Die Blattformen variieren – oval, herzförmig, wellenförmig, gezackt ... – und verbinden sich zu Baumkronendächern, die rund um den Planeten unterschiedlich sind. Nördliche Wälder sind an raue, kalte Temperaturen und Schneefall angepasst. Aus der Vogelperspektive sind die Wälder in der Kronenebene licht, mit spitzen Wipfeln von Nadelbäumen, deren Äste nach unten hin immer länger werden. Laubwälder dagegen weisen dicke Laubdächer von Eichen, Mammutbäumen und Ahorn auf, deren Baumkronen unverkennbar an Brokkoli erinnern. In Richtung Äquator bilden die tropischen Klimazonen eine Oase für Regenwälder, deren dichte Baumkronen in luftige Höhen wachsen.

Die Feuchtigkeit des Regenwaldes bringt eine wilde Vielfalt an exotischen Pflanzen hervor. Große, extravagante, wunderschöne Blüten locken schillernde Kolibris und prächtige Schmetterlinge an. Venusfliegenfallen schnappen mit ihren Fangblättern nach Insekten. Vegetation in allen Grüntönen mit Blättern, die manchmal so groß sind wie Papierdrachen, sprießt und wuchert dort. Jaguare erklimmen Bäume, um sich an ihre Beute heranzupirschen oder sich auf einem Ast auszuruhen. Affen huschen die turmhohen Stämme hinauf und schaukeln in Ästen und an Lianen. Die Fülle des Lebens in den Wäldern ist über-

> Die Regenwälder sind ein Spielplatz für die lautesten und neugierigsten Geschöpfe auf unserem Planeten.

wältigend. Sie sind ein Spielplatz für die lautesten und neugierigsten Geschöpfe Gottes auf unserem Planeten. Und sie verschwinden in einem alarmierenden Tempo.

## WALDZERSTÖRUNG

Da die Weltbevölkerung weiterwächst, nutzen und zerstören wir immer mehr Wälder, um unseren Bedarf an Nahrungsmitteln, materiellen Gütern und Platz für Häuser und Gebäude zu decken. Die Wälder verschwinden in einem rasenden Tempo, wenn wir es versäumen, neue Bäume zu pflanzen und die Wälder wieder aufzuforsten – dieser Prozess wird *Entwaldung* genannt. Der Mensch hat seit der vorindustriellen Zeit mehr als 30 Prozent aller Wälder der Erde vernichtet, und die verbliebenen Wälder haben wir in weiten Teilen geschwächt und zerstückelt.[45]

Förster können ein gesundes Wachstum und die Regeneration der Waldgebiete insgesamt fördern, indem sie gezielt bestimmte Bäume fällen.[46] Wälder sind am widerstandsfähigsten, wenn sie Bäume unterschiedlichen Alters, unterschiedlicher Größe und unterschiedlicher Arten aufweisen. Und es gibt verantwortungsvolle Wege, Bäume für Holz- und Papierprodukte zu nutzen. Leider werden jedoch viele Waldflächen illegal auf eine Weise gerodet, die weite Waldgebiete für Jahrzehnte zerstört. Die tropischen Regenwälder sind in einem hohen Maß von der Abholzung bedroht. Im Jahr 2019 ging in den Tropen alle sechs Sekunden Waldfläche in der Größe eines Fußballfelds verloren.[47]

Eines der verbreitetsten Verfahren bei der Abholzung der tropischen Wälder ist die *Brandrodung*. Kleinbauern roden die Vegetation und verbrennen sie dann, um auf den von der Asche gedüngten Böden Pflanzen anzubauen. Diese Technik ist in keiner Weise nachhaltig, da das Land schon nach wenigen Jahren ausgelaugt und unfruchtbar ist. Das Gelände wird dann aufgegeben, neue Waldflächen werden verbrannt, und der Kreislauf der Zerstörung geht weiter. Auch in Südostasien, im tropischen Afrika und in Nord- und Südamerika werden Wälder häufig durch Brände gerodet, um Ölpalmenplantagen anzulegen, da die Nachfrage nach Palmöl für viele Alltagsprodukte weiter steigt.

Der Mensch hat seit der vorindustriellen Zeit mehr als 30 Prozent aller Wälder der Erde vernichtet.

Hier besteht eine große Spannung zwischen der Zerstörung der Wälder und den Arbeitsplätzen und Produkten, die die Industrie bietet. Viele Menschen leben unter der Armutsgrenze und haben keine andere Option, Arbeit zu finden. Weltweit ist jeder vierte Mensch für seinen Lebensunterhalt auf die Wälder angewiesen. Etwa ein Fünftel der weltweiten Landbevölkerung (750 Millionen Menschen) lebt in Wäldern, darunter 60 Millionen indigene Völker.[48]

## DIE BEDEUTUNG DER REGENWÄLDER

Regenwälder sind für unseren Planeten besonders wertvoll, weil sie eine größere Artenvielfalt aufweisen als jedes andere Gebiet der Erde. Der Amazonas-Regenwald beherbergt mehr als 6 000 Baumarten[49], die einzigartige, pulsierende Lebensräume für mehrere Millionen Arten schaffen.[50] Er ist der größte noch verbliebene Teil des tropischen Feuchtwaldes; fast zwei Drittel davon befinden sich in Brasilien. In den letzten fünfzig Jahren haben wir jedoch etwa 17 Prozent des Amazonas-Regenwaldes vernichtet, vor allem durch die Abholzung von Wäldern im Interesse des Aufbaus von Rinderfarmen.[51]

Wir können es uns nicht leisten, die Wälder weiterhin in einem Tempo und auf eine Weise abzuholzen, dass sie nicht wiederhergestellt werden können. Ihre Zerstörung verringert die Feuchtigkeit und die Niederschläge, die für landwirtschaftliche Gebiete wie Brasilien lebenswichtig sind. In größeren Ökosystemen wie den Regenwäldern kann es dadurch zu einem plötzlichen Regimewechsel (d. h. einer sprunghaften Änderung der vorherrschenden Lebensgemeinschaft) kommen.

> Riesige Waldflächen abzuholzen ist, als würde man die Verbindung zu einem lebenswichtigen Organ kappen.

Wissenschaftler haben schon lange den sogenannten Kipppunkt vorausgesagt: Wenn die gesamte abgeholzte Fläche 40 Prozent übersteigt, wird der Amazonas-Regenwald sich in eine Trockensavanne verwandeln. Derzeit wird geschätzt, dass dieser katastrophale Regimewechsel in weniger als dreißig Jahren stattfinden wird, wenn der Trend des Waldverlustes anhält.[52]

Unsere Regenwälder tragen zur Regulierung des globalen Klimas bei und beeinflussen die Ernten ganzer Kontinente. Riesige Waldflächen abzuholzen ist so, als würde man die Verbindung zu einem lebenswichtigen Organ des Körpers kappen; das ganze System gerät aus dem Gleichgewicht.

## EIN WEG NACH VORN

Ein gesunder Planet braucht gesunde Wälder. Die Wiederaufforstung und Regenerierung von Wäldern auf der ganzen Welt trägt dazu bei, die Luftverschmutzung zu reduzieren, das Klima zu regulieren, die Wasserqualität zu verbessern und vieles mehr.

Wir können forstwirtschaftliche Verfahren anwenden, die weniger schädlich für die Erde sind und es ermöglichen, dass Bäume erfolgreich nachwachsen und Wälder sich erholen, während wir gleichzeitig berücksichtigen, dass der Lebensunterhalt von Land- und Forstwirten von diesen Flächen abhängt. Unsere Wälder reinigen unsere Luft, filtern unser Wasser, regeln die lebenswichtigen Kohlenstoff- und Wasserkreisläufe, liefern Nahrungs- und Arzneimittel, stärken den Boden und bieten einer Vielzahl von Pflanzen und Tieren Schutz. Dies und ihre natürliche Schönheit machen sie zu einem wertvollen Teil der Schöpfung Gottes.

## EINE BIBLISCHE PERSPEKTIVE

Der »Baum des Lebens« hat in der Bibel einen letzten überraschenden Auftritt im Buch der Offenbarung. Der neue Himmel und die neue Erde sind gekommen, und dort, am Strom mit dem Wasser des Lebens, steht der Baum des Lebens, und »die Blätter dienen zur Heilung der Völker« (Offenbarung 22,2). Es ist ein Ort, an dem Himmel und Erde wieder in Harmonie sind, und dort gibt Gott der ganzen Erde Nahrung durch einen Baum.[53] Die spirituelle und physische Natur dieses Baumes bleibt für uns ein Geheimnis, aber

→

Der Kohlenstoffkreislauf ist der biogeochemische Prozess, durch den Kohlenstoff ausgetauscht wird. Er ist entscheidend für die Aufrechterhaltung einer stabilen Kohlenstoffbilanz und des Klimas insgesamt. Er besteht aus folgenden Schritten: Kohlenstoff gelangt aus der Luft in die Pflanzen (durch Fotosynthese), von den Pflanzen in die Tiere, von den Pflanzen und Tieren in den Boden (durch Zersetzung), von den Lebewesen und fossilen Brennstoffen in die Atmosphäre und von der Atmosphäre in die Ozeane.

# Elemente *des* Kohlenstoffkreislaufs *im* Wald

**KOHLENSTOFFDIOXID ($CO_2$) IN DER ATMOSPHÄRE**

**VERBRENNUNG VON ENERGIETRÄGERN**

Industrie  Fossile Brennstoffe (Öl, Gas, Kohle)

**DIFFUSION**

**FOTOSYNTHESE**

Pflanzen

**ZELLATMUNG**

Tiere

**GELÖSTES $CO_2$**

**BICARBONATE**

**KARBONATE IN SEDIMENTEN**

**ZERSETZER:** Pilze, Würmer, Mikroorganismen

wir können über die Rolle staunen, die Bäume in der biblischen Sicht auf die umfassende Dimension der Erlösung spielen. Die Pläne unseres Erlöser-Gottes sind wirklich meisterhaft!

### Bäume im Plan der Schöpfung

In 1. Mose 1,12, dem Vers, mit dem dieses Kapitel beginnt, sagt Gott, nachdem er die Pflanzen und Bäume geschaffen hat: Es ist *gut*. Bäume sind Bestandteil der Schöpfung; sie sind – wie alles andere – Geschöpfe, die Gott Anbetung entgegenbringen. Als Christen sind wir es gewohnt, Gott zu loben und ihn anzubeten. Aber wusstest du, dass im neuen Himmel und auf der neuen Erde auch die Bäume Gott auf ihre eigene »baumgemäße« Weise loben? In Jesaja 44,23 heißt es: »Wälder und alle Bäume, jubelt! Denn der Herr hat Jakob erlöst und wird sich in Israel verherrlichen.« Und später: »Ihr werdet in Freude ausziehen und in Frieden geleitet werden. Die Berge und Hügel werden jubelnd vor euch singen und alle Bäume auf dem Feld werden in die Hände klatschen!« (Jesaja 55,12).

### Jesus und die Bäume

Bevor Jesus im Alter von etwa dreißig Jahren sein öffentliches Wirken begann, war er Handwerker. Und er arbeitete ... mit Holz. Hast du dir schon mal klargemacht, dass er mit demselben Material arbeitete, aus dem später das Kreuz gezimmert wurde? Er sägte, schmirgelte, hobelte und schnitzte Platten aus Baumstämmen. Er zimmerte und hämmerte Möbel zusammen. Die Haptik von Holz war ihm sehr vertraut, und in seinem Tod legte er sich freiwillig »auf das Holz«. Die ganze Zeit über wusste Jesus, dass er eines Tages das Material seiner irdischen Laufbahn benutzen würde, um unsere Erlösung zu schaffen. Welch ein demütiger Erlöser, der unserer Anbetung würdig ist! Sein Umgang mit der Natur, mit Bäumen und Holz, war – in seinem Leben und in seinem Tod – davon bestimmt, anderen zu dienen.

### Bäume in der Bibel

In der ganzen Heiligen Schrift benutzt Gott Bäume, um seine Erlösungsgeschichte zu erzählen. Adam und Eva wurden aus dem Garten Eden verbannt, nachdem sie von dem verbotenen Baum der Erkenntnis von Gut und Böse gegessen hatten (1. Mose 3). Aber es gab noch einen anderen Baum in der Mitte des Gartens, den Baum des Lebens, durch den Gott ewige Nahrung und Unsterblichkeit anbot. Durch unsere Sünde haben wir die Verbindung mit diesem Baum verloren. Aber Jesus kam auf die Erde und sagte, dass er die Quelle des ewigen Lebens ist, der wahre Weinstock mit vielen Reben (Johannes 15,5). Das Reich Gottes verglich er mit einem Samenkorn, das zu einem großen Baum heranwächst, »sodass die Vögel in seinen Ästen Schutz finden« (Matthäus 13,32).

## WAS DU TUN KANNST

### Lerne die Wälder in deiner Umgebung kennen und engagiere dich für sie

Der beste Weg, um den Wert der Wälder ermessen zu lernen, ist, die Wälder in deiner Nähe kennenzulernen. Im Schatten der Bäume kannst du ausruhen; du atmest die saubere Luft, die sie aktiv filtern. Du hörst das Rascheln der Blätter und beobachtest Insekten, Vögel und andere Lebewesen, die im Schutz des Waldes leben. Den Wald aus der Nähe zu erleben, hilft, Dankbarkeit für diesen wichtigen Lebensraum zu entwickeln und zu bewahren.

**BESORG DIR HILFSMITTEL, UM BÄUME ZU BESTIMMEN**

▶ Blattformen, Rindenarten, Standorte und andere Merkmale bieten Anhaltspunkte für die Bestimmung von Bäumen. Naturführer enthalten Bilder und Illustrationen zu jeder Baumart und Informationen zu ihren einzigartigen Eigenschaften. Es gibt auch Apps, die dir helfen, die Bäume in deinem Umfeld besser kennenzulernen.

▶ Mach mit einer App oder einem Buch einen Erkundungsgang im Wald oder in deinem Garten und vergleiche die verschiedenen Merkmale der einzelnen Bäume.

**VERFOLGE DIE WELTWEITEN BEMÜHUNGEN UM DEN SCHUTZ DER WÄLDER**

▶ Das vom *World Resources Institute* geleitete Online-Waldüberwachungssystem *Global Forest Watch* nutzt Satellitenbilder, um Veränderungen des Waldbestands auf dem gesamten Planeten nahezu in Echtzeit zu erfassen.

▶ Schau mit Freunden den Dokumentarfilm *Der Waldmacher* von 2021. Er erzählt die Geschichte des Christen Tony Rinaudo, der Wiederaufforstung zu seinem Herzensprojekt gemacht hat.

---

## Achte auf ethische Lieferketten

Brandrodung und andere nicht nachhaltige landwirtschaftliche Methoden sind für fast 80 Prozent der Entwaldung in tropischen und subtropischen Gebieten verantwortlich.[54] Steigere die Nachfrage nach ethisch und nachhaltig erzeugten Regenwaldprodukten durch dein Kaufverhalten.

**KAFFEE**

Rund 61 Prozent der Kaffeeproduzenten erhalten für ihre Kaffeebohnen Preise, die unter den Produktionskosten der Kaffeebohnen liegen.[55] Bei fair gehandeltem Kaffee werden Bewertungen und Zertifizierungen durch Dritte eingesetzt, um sicherzustellen, dass Preis- und Umweltstandards eingehalten werden. Beim direkten Handel arbeiten die Kaffeeunternehmen mit den Landwirten zusammen, sodass die Lieferkette transparent ist.

▶ Achte auf das Fairtrade-Siegel oder erkundige dich bei örtlichen Kaffeegeschäften nach deren Beschaffungsmethoden. Du wirst den heißen Bohnensaft noch mehr genießen, wenn du weißt, dass er das Land und die Kaffeebauern glücklich gemacht hat. Unterstütze Kaffeemarken, die gute Methoden anwenden.

▶ Probiere Schattenkaffee. Beim Schattenkaffee werden die Bohnen unter einem Baldachin oder einer anderen Vegetation angebaut. Diese Methode ist gut für das Land und die Tierwelt, insbesondere für Vögel. Achte auf das Zertifikat *vogelfreundlich* bzw. auf den *Bird Friendly*-Button des *Smithsonian Migratory Bird*

*Center*. Es besagt, dass der Kaffee sowohl im Schatten als auch biologisch angebaut wird.

## KAKAO

Kakao kann unter dem Blätterdach eines Waldes angebaut werden, aber viele Kakaobauern holzen die Wälder ab, um in der Sonne mehr anbauen zu können. Dies verschlechtert den Boden, vernichtet den Lebensraum von Wildtieren und führt zu mehr chemischen Abwässern, die Bäche und Wasserwege verschmutzen.[56] Die Kakaoindustrie hat sich außerdem der Kinderarbeit, der Zwangsarbeit und der Geschlechterungleichheit schuldig gemacht.

▶ Such nach Schokolade, die von der *Rainforest Alliance* zertifiziert ist, die sich bei den Kleinbauern für die Umstellung auf Schattenanbau einsetzt. Lass uns dafür sorgen, dass unsere Schokolade ebenso ethisch einwandfrei wie lecker ist.

## PALMÖL

Palmöl stammt aus einer Regenwaldpflanze und ist in Lebensmitteln, Kosmetika, Shampoos, Seifen und vielen anderen alltäglichen Produkten enthalten. Die Regenwälder in Indonesien werden in alarmierendem Tempo durch Ölpalmenplantagen ersetzt, um die Nachfrage zu decken. Infolgedessen werden die Lebensräume der Orang-Utans vernichtet, sodass sie vom Aussterben bedroht sind.

▶ Die Palmölproduktion bietet mehr als drei Millionen Kleinbauern eine Lebensgrundlage.[57] Unterstütze diese Gemeinschaften, indem du hilfst, sie zu fördern und Schulungen zu nachhaltigen Methoden für die Palmölproduktion anzubieten – das ist der Schlüssel zur Verlangsamung der Entwaldung.

▶ Der Runde Tisch für nachhaltiges Palmöl (*Roundtable on Sustainable Palm Oil*, RSPO) trat 2004 zusammen und führte dazu, dass sich multinationale Unternehmen verpflichteten,

die Lieferketten zurückzuverfolgen und nur nachhaltig geerntetes Palmöl zu kaufen.
- Achte bei Palmölprodukten auf die RSPO-Zertifizierung oder die Zertifizierung der Rainforest Alliance. Auf der RSPO-Website findest du eine umfangreiche Liste von zertifizierten nachhaltigen Palmölprodukten.
- Kaufe Lebensmittel, die ohne Palmöl hergestellt wurden.

## Triff Entscheidungen, die Holzprodukte schonen

Durch die Wahl der Möbel und des Papiers, das du kaufst, kannst du die unnötige und nicht nachhaltige Abholzung von Wäldern verringern. Die USA, Europa und Australien haben in den letzten Jahren Gesetze erlassen, die die Einfuhr von Holzprodukten aus illegaler Beschaffung und illegalem Handel verbieten.

**KAUF PAPIER- UND HOLZPRODUKTE ANHAND FUNDIERTER INFORMATIONEN**

- Wähle Produkte, die aus nachhaltiger Forstwirtschaft stammen, die Wälder wieder aufforstet und wiederherstellt.
- Kauf Produkte, die Zertifizierungen von Organisationen wie dem *Forest Stewardship Council* (FSC) und der *Sustainable Forestry Initiative* (SFI) aufweisen.
- Spar Papier und verwende möglichst viel wieder. Vermeide Wegwerfprodukte wie Pappteller und -becher. Selbst wenn das Papier aus nachhaltiger Produktion stammt, solltest du diese Ressource, die letztlich von einem Baum stammt, nicht verschwenden.
- Gib sauberes Papier und Pappe in die Altpapiertonne oder -sammlung. In Deutschland stammen knapp 80 Prozent der Fasern, die zur Herstellung neuer Papierprodukte verwendet werden, aus recyceltem Papier.[58]

- Kauf möglichst Papier aus recycelten Materialien. Inspiriere deine Freunde und Kollegen mit umweltfreundlichen Notizbüchern und Geschäftsmaterialien.
- Schränk deine Online-Einkäufe ein, um übermäßige Mengen an Karton und anderem Papier zu vermeiden. Wenn möglich, wähle Versandwege, bei denen mehrere Artikel zusammen verschickt werden können. Oder geh in ein Geschäft und genieß die Erfahrung, persönlich und vor Ort einzukaufen.

**KAUF MÖBEL AUS NACHHALTIGER PRODUKTION**
Möbel und Fußböden in Wohnungen und Büros werden manchmal aus Tropenholz hergestellt und enthalten wertvolle Holzressourcen wie Teak, Mahagoni, Palisander oder Sandelholz.[59] Informiere dich, ob deine Einkäufe aus nachhaltiger Produktion stammen.

- Unterstütze Möbelmarken, die recycelte Materialien und zertifizierte nachhaltige Holzprodukte verwenden und hohe Standards für faire Arbeitsbedingungen und Handel einhalten, oder kaufe Recycling-Möbel, z. B. bei Etsy.
- Finde Tischler in deiner Nähe, die originelle Möbelstücke aus recyceltem »Abfallholz« oder zertifiziertem Holz herstellen. Ein Couchtisch aus recyceltem Holz ist der Höhepunkt des ökologischen Schicks.

---

**Unterstütze gemeinnützige Organisationen und Projekte, die sich gegen die Entwaldung einsetzen**
- *Plant with Purpose* arbeitet mit Gemeinden vor Ort zusammen, um die Entwaldung durch Projekte in den Bereichen Agroforstwirtschaft, Wiederaufforstung und Baumschulen rückgängig zu machen.

- *Amazon Watch* setzt sich seit Jahrzehnten für den Schutz des Regenwaldes und die Ausweitung der Rechte und die Verwendung von nachhaltigen Verfahren durch die indigenen Völker im Amazonasbecken ein.
- *One Trillion Trees* ist eine Initiative von gemeinnützigen Organisationen, Regierungen und Unternehmen mit dem Ziel, bis 2030 eine Billion Bäume zu erhalten und neu zu pflanzen.
- Werde zum Waldmacher wie Tony Rinaudo und verschenke mit *World Vision* einen Hektar Wald.[60]
- Unterstütze Organisationen wie die BundesBürgerInitiative Waldschutz, Schutzgemeinschaft deutscher Wald, Waldschutz International, Initiative Pro Walderhalt u. a.

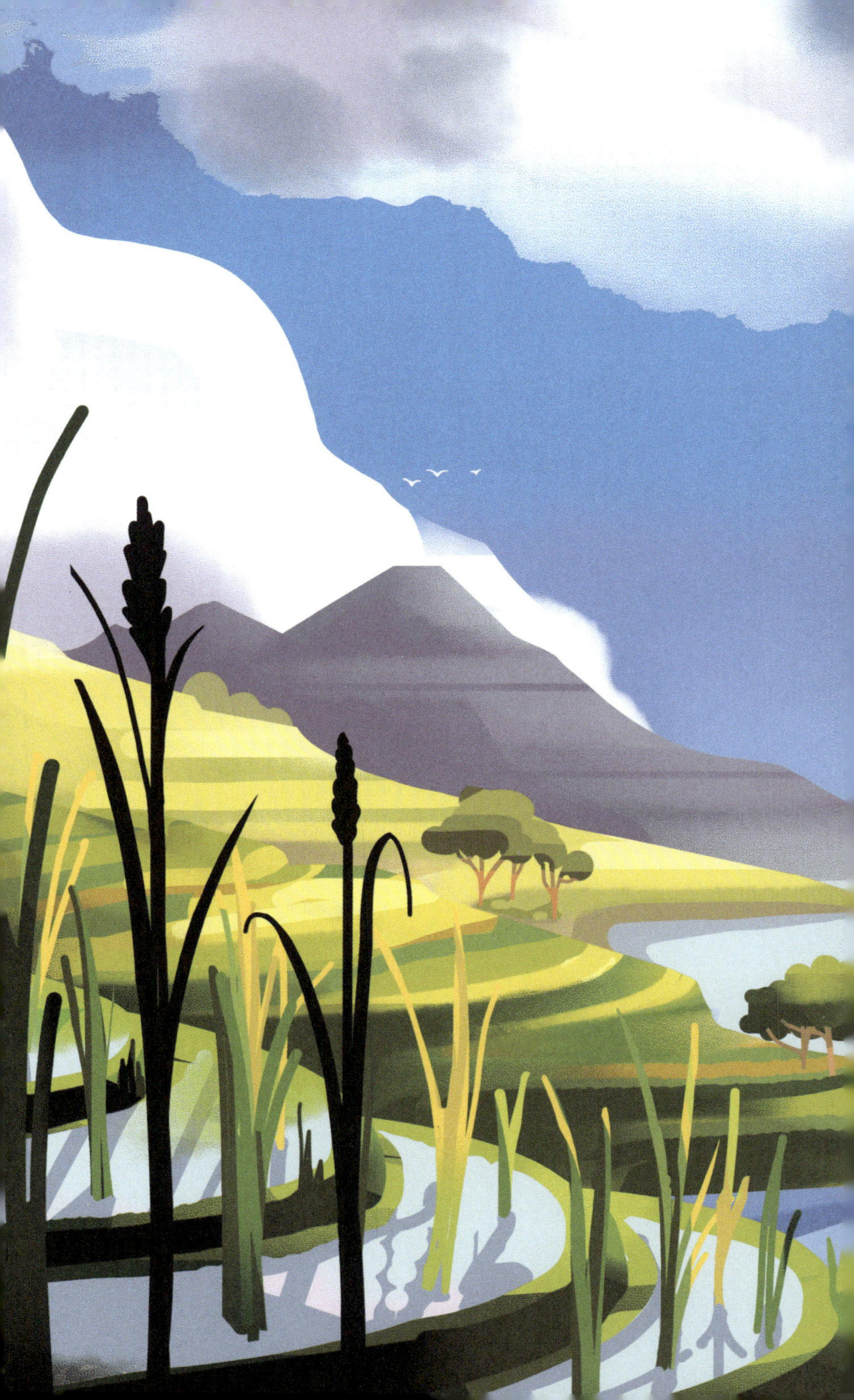

# KAPITEL 6

# BODEN

Der Wertstoff der Landwirtschaft

> Ein Weizenkorn muss in die Erde ausgesät werden. Wenn es dort nicht stirbt, wird es allein bleiben – ein einzelnes Samenkorn. Sein Tod aber wird viele neue Samenkörner hervorbringen – eine reiche Ernte neuen Lebens.
> JOHANNES 12,24

Wie oft machst du dir Gedanken darüber, woher deine Lebensmittel kommen? Oder über den Boden, auf dem sie wachsen? Bauernhöfe sind lebende Ökosysteme – ein System von Pflanzen, Tieren, Boden, Wasser und Luft, die in einem ausgewogenen Gleichgewicht zusammenwirken, um die Unversehrtheit und Langlebigkeit des Landes aufrechtzuerhalten. Sie florieren, wenn die Artenvielfalt groß ist, und produzieren reiche Ernten, wenn alle Teile des natürlichen Systems vorhanden sind. Ein wichtiger Bestandteil der Gesundheit eines landwirtschaftlichen Betriebs ist sein Boden.

### Boden versus Erde

Was ist der Unterschied zwischen Erde und Boden? Erde entsteht im Lauf der Zeit durch Verwitterung, wenn Wind und Wasser die Felsen langsam in Sand, Ton und Schlick zersetzen. Boden ist Erde plus Wasser, Luft und Teile von Pflanzen und Tieren (organische Materie). Pilze, Schleimpilze, Schimmelpilze und Bakterien im Boden tragen dazu bei, dass abgestorbene Lebewesen verrotten und ihre Nährstoffe zur Wiederverwendung freigegeben werden. Diese natürlichen Dünger sind die Helden der Bodengesundheit.

Hast du gewusst, dass ein einziger Teelöffel Boden von Milliarden mikroskopisch kleiner Organismen bevölkert ist? »Lebendiger Boden« ist die Grundlage für fruchtbares Ackerland und trägt dazu bei, Nährstoffe für Pflanzen umzuwandeln, die Bodenstruktur aufzubauen und die Wasseraufnahme zu verbessern. Leider haben wir dem Boden unseres Planeten stark geschadet: Ein Drittel des Bodens ist durch intensive Landwirtschaft unbrauchbar geworden. Die Vereinten Nationen (UN) schätzen, dass jedes Jahr vierundzwanzig Milliarden Tonnen fruchtbarer Boden verloren gehen.[61]

## NICHT NACHHALTIGE LANDWIRTSCHAFTLICHE METHODEN

In den letzten fünfzig Jahren haben industrielle Landwirtschaftsmethoden die Produktivität verdoppelt und eine Bevölkerung ernährt, die sich im gleichen Zeitraum ebenfalls verdoppelt hat.[62] Industrielle Landwirtschaft ist eine groß angelegte, mechanisierte Intensivproduktion von Nutzpflanzen und Vieh. In solchen Betrieben wird in der Regel nur eine Kulturpflanze angebaut (z. B. Reis, Mais oder Weizen) und die Böden werden mit chemischen Düngemitteln und Pestiziden überschwemmt. Die Fleischproduktion erfolgt in Massentierhaltung, wo die Tiere auf engstem Raum und mit wenig Bewegungsfreiheit zusammenleben. Dies begünstigt die Ausbreitung von Krankheiten, weshalb die Tiere stark geimpft werden und einen Überschuss an Antibiotika erhalten, was wiederum dazu führt, dass Bakterien antibiotikaresistent werden. All diese Methoden werden angewandt, um die Ernteerträge und die Fleischpro-

> Jedes Jahr werden Anbauflächen von der Größe Englands vernichtet.

duktion zu maximieren, um die Menschen zu ernähren und Profit zu machen.

Diese Methoden haben jedoch einen hohen ökologischen Preis, der die Fähigkeit des Bodens, kontinuierlich und langfristig genug Nahrungsmittel für alle zu produzieren, gefährdet. Monokulturen berauben ein Land seiner biologischen Vielfalt und seiner natürlichen Regenerationsmöglichkeiten, um es dauerhaft fruchtbar zu machen. Pflügen, übermäßige Auslaugung und das Entfernen von Hecken und Bäumen begünstigen die Erosion durch Regen und Wind. Rund um den Planeten erodiert dieser Boden zehn- bis vierzigmal schneller, als er ersetzt wird, wodurch jedes Jahr Anbauflächen von der Größe Englands vernichtet werden.[63]

Diese landwirtschaftlichen Methoden führen zu erschöpften Böden, die leider mehr Kunstdünger benötigen. In einigen Gebieten an der Ostsee und in der Chesapeake Bay treiben tote Fische auf der Wasseroberfläche. Eine ekelhafte, stinkende und traurige Situation! Ein solches Fischsterben entsteht, wenn zu viel Dünger in die Gewässer gelangt. Dieser verursacht ein übermäßiges Wachstum von Algen, wodurch »tote Zonen« entstehen, in denen der Sauerstoff ausgeht und die Fische ersticken. Viele Gewässer auf der ganzen Welt leiden unter toten Zonen, die die Fischbestände beeinträchtigen und damit auch die Lebensgrundlage von Gemeinden, die auf Fischerei angewiesen sind.

## DAS PROBLEM DER LEBENSMITTELVERSCHWENDUNG

Bodenerschöpfung ist ein Problem, Nahrungsmittelknappheit ein anderes. Die Erde produziert Lebensmittel im Überfluss, und doch hungerten 2019 rund 690 Millionen Menschen. Im selben Jahr war weltweit fast ein Viertel der Kinder unter fünf Jahren unterentwickelt, weil ihnen Vitamine und Mineralien fehlten, die für eine gesunde Ernährung benötigt werden (sogenannte Mangelernährung). Landwirte produzieren genug Lebensmittel, um etwa 10 Milliarden Menschen zu ernähren, also deutlich mehr, als die Weltbevölkerung heute beträgt. Wir verschwenden jedoch etwa ein Drittel davon.[64] Stell dir vor, du würdest ein Drittel deines Gehalts zum Fenster hinauswerfen oder ein Drittel der Lebensmittel in deinem Kühlschrank verderben lassen. Lebensmittelverschwendung ist ein ernstes globales Problem. Die Herausforderung besteht nicht darin, genug Essen für alle zu produzieren, sondern darin, alle Menschen mit gesunden, nährstoffreichen Lebensmitteln zu versorgen.

Die meisten Menschen, die unter chronischem Hunger leiden, leben in extremer Armut in Entwicklungsländern, in denen Nahrungsmittelknappheit herrscht. In manchen Regionen verderben bis zu 40 Prozent der angebauten Lebensmittel. Den Kleinbauern fehlt es oft an geeigneten Lagermöglichkeiten, um dies zu verhindern, und sie verfügen nicht immer über die Straßen und Infrastruktur, um die Lebensmittel rechtzeitig und sicher zu transportieren.

## NACHHALTIGE LANDWIRTSCHAFT

Angesichts einer wachsenden Weltbevölkerung können die Probleme der Bodenerschöpfung und der Lebensmittelverschwendung durch eine nachhaltige Landwirtschaft entschärft werden. Dazu gehören Anbaumethoden, die es uns ermöglichen, Pflanzen anzubauen und Vieh zu halten, ohne die dauerhafte Fruchtbarkeit der Böden zu gefährden. Wir lernen, wie wir mit der Natur zusammenarbeiten können, um den Boden gesund und das Land fruchtbar und produktiv zu erhalten, sowohl im Großen auf unseren landwirtschaftlichen Betrieben als auch im Kleinen in Gemeinschafts- und Hausgärten. So können heutige und künftige Generationen kontinuierlich die Früchte der Erde auf eine Weise ernten, die es dem Boden ermöglicht, sich natürlich zu regenerieren.

Die Herausforderung für die Zukunft besteht darin, unsere Lebensmittelsysteme an landwirtschaftliche Methoden anzupassen, die die Bodengesundheit fördern und einen sicheren Transport von Lebensmitteln zu allen Menschen ermöglichen. Wir müssen uns weniger abhängig von Getreidemonokulturen wie Weizen, Mais und anderen Körnern machen (von denen der größte Teil als Futter für Nutztiere verwendet wird) und uns darauf konzentrieren, mehr nahrhafte Gemüse, Früchte und Hülsenfrüchte, wenn möglich lokal, anzubauen. Der übermäßige Einsatz von Düngemitteln und Pestiziden sowie die

**Wir müssen unsere Lebensmittelsysteme an landwirtschaftliche Methoden anpassen, die die Bodengesundheit fördern.**

→

Weltweit hungern schätzungsweise 690 Millionen Menschen – vor allem in Asien und Afrika –, wobei das Hauptproblem in der massiven weltweiten Verschwendung und der schlechten Verteilung der Lebensmittel liegt. Ein Drittel der produzierten Lebensmittel – etwa 1,3 Milliarden Tonnen – geht jährlich verloren oder wird verschwendet. Etwa 35 Prozent davon sind Verluste auf der Ebene der landwirtschaftlichen Betriebe, weitere 26 Prozent gehen im Einzelhandel verloren. Auf die Supermärkte entfällt dagegen nur etwa 1 Prozent.[65]

# Globale Lebensmittelproduktion *und* -verschwendung

JEDES JAHR GEHEN LEBENSMITTEL IM WERT VON 1 BILLION US-DOLLAR VERLOREN ODER WERDEN VERSCHWENDET.

WENN NUR 25 PROZENT DER VERSCHWENDETEN NAHRUNGSMITTEL GERETTET WERDEN KÖNNTEN, KÖNNTE MAN DAVON 870 MILLIONEN HUNGERNDE MENSCHEN ERNÄHREN.

### USA
Allein in den USA werden Nahrungsmittel im Wert von 90 bis 100 Milliarden Dollar pro Jahr verschwendet.

### EUROPA
Mit den derzeit etwa 6,7 Millionen Tonnen verschwendeter Lebensmittel könnte man 200 Millionen Menschen ernähren.

### ASIEN
In Asien gehen jährlich rund 23 Millionen Tonnen Getreide, 12 Millionen Tonnen Obst und 21 Millionen Tonnen Gemüse verloren.

### LATEINAMERIKA
In Lateinamerika verschwendete oder verdorbene Lebensmittel könnten 300 Millionen Menschen ernähren.

### AFRIKA
In Afrika gehen bis zu 50 Prozent empfindlicherer Produkte wie Obst, Gemüse oder Wurzeln verloren.

### INDIEN
In der landwirtschaftlichen Produktion Indiens gehen laut Schätzungen Waren im Wert von knapp 8 Milliarden Dollar verloren.

### AUSTRALIEN
In Australien werden schätzungsweise 10,5 Milliarden Dollar für Nahrungsmittel ausgegeben, die weggeworfen werden (mehr als 5000 Dollar pro Person).

häufige Bodenbearbeitung stören und schädigen die lebenden Organismen im Boden und verschärfen die Erosion. Die Umstellung auf nachhaltige und ökologische Verfahren – einschließlich Permakultur, Renaturierung und regenerative Landwirtschaft – ist für die Zunahme von dauerhaft produktivem Ackerland und ausreichend nahrhaften Lebensmitteln für die wachsende Bevölkerung unerlässlich.

## EIN WEG NACH VORN

Wie können wir die scheinbar konkurrierenden Erfordernisse des Schutzes unserer Böden und der Ernährung der Erdbevölkerung in Einklang bringen? Dazu bedarf es der Kreativität von Vordenkern und Initiatoren und Institutionen auf der ganzen Welt, aber das Ziel ist nicht unerreichbar. Die gute Nachricht ist: Es gibt kleine, umsetzbare Schritte, die wir alle unternehmen können, um unseren Boden zu schützen und gleichzeitig unsere Mitmenschen und uns selbst zu versorgen.

## EINE BIBLISCHE PERSPEKTIVE

Als Christen sollten wir uns an den Jüngern ein Beispiel nehmen und großzügig geben. Das könnte bedeuten, dass wir Lebensmittel an Bedürftige weitergeben oder verteilen, Gemeinden beim Anbau von gesundem Obst und Gemüse unterstützen oder landwirtschaftliche Betriebe fördern, die verantwortungsvoll für das Land, den Boden und damit auch für die Menschen sorgen. In gewissem Sinn haben wir die Instrumente zurückbekommen, die es im Garten Eden gab, um das Land zu bewahren: Gottes Gegenwart und praktische Erkenntnisse, wie die natürliche Welt am besten gedeiht. Wir sind nun in der Lage, als gute Verwalter mit der Erde umzugehen, wobei der Reichtum und die Leuchtkraft von Eden uns als Inspiration dienen.

### Aus Erde gemacht und dafür geschaffen, den Boden zu pflegen

Wie wir in 1. Mose 2 sehen, hat Gott uns aus Erde geformt, und doch sind wir nach seinem Bild geschaffen. Wir sind sowohl mit der Erde als auch mit dem Himmel verbunden. Nach dem Sündenfall haben die Menschen zum ersten Mal eine zerrüttete Beziehung zum Erdboden erlebt (1. Mose 3,19). Aber Gott hat uns beauftragt, das Land zu bebauen, und dieser Auftrag gilt noch immer. Wenn wir unsere selbstsüchtigen Einstellungen und unser egoistisches Handeln erkennen und davon umkehren, verspricht Gott, uns zu erhören und das Land zu heilen (2. Chronik 7,14). Wenn wir die Erde bewahren, verwirklichen wir letztlich Gottes ursprünglichen Plan für uns. Wir sind aus Erde gemacht, aber in sein himmlisches Reich versetzt, wo Christus ist (Epheser 2,6). Auch wenn wir hier auf der Erde keine Vollkommenheit erreichen können, so können wir doch auf dem Land, das uns jetzt gegeben ist, mit Gott leben und ihn ehren, indem wir die Erde auf eine gute Weise kultivieren und so etwas von seinem Willen erfüllen, wo wir doch beten: »Wie im Himmel, so auf Erden.«

### Gottes Erlösungsabsicht für das Land

In der Natur sehen wir ständig, wie der Tod Leben hervorbringt, wie sich verfallende Materie am unteren Ende der Nahrungskette in neue Lebensformen verwandelt. Dieser Kreislauf des Lebens beginnt und endet mit dem Boden. Wenn wir den Boden nicht respektieren und seine Grenzen nicht achten, entziehen wir ihm die

Nährstoffe und nehmen ihm die Fähigkeit, weiter fruchtbar zu sein und gute Ernten hervorzubringen. Das sollte uns alarmieren, denn wie wir gesehen haben, können die Folgen für die Weltbevölkerung verheerend sein.

*Alle* Dinge sind durch Christus mit Gott versöhnt, die Schöpfung und der Boden eingeschlossen.

Aber als Christen wissen wir, dass Gott erlöst. Der Herr sagt: »Ja, ich mache alles neu« (Offenbarung 21,5). Gott »schloss Frieden mit allem, was im Himmel und auf der Erde ist« (Kolosser 1,20). *Alle* Dinge sind durch Christus mit Gott versöhnt, die Schöpfung und der Boden eingeschlossen. Wenn wir die gute Nachricht nicht begreifen, dass auch die Schöpfung – sogar der Boden – erlöst und erneuert werden wird, dann unterschätzen wir Gottes Plan kolossal. Wenn wir lernen, die Erde so zu achten, wie es die Heilige Schrift tut, und wenn wir begreifen, dass Gott vorhat, jedes zerstörte Stückchen Erde heil zu machen, muss unsere Liebe zu Gott und zur Natur wachsen. Er ist gut und er ist treu – sogar gegenüber dem Staub der Erde!

### Eine Berufung, die Hungrigen zu speisen

Jesus hat sich sehr um die physischen Bedürfnisse der Menschen nach Nahrung gekümmert. Er hatte Mitleid mit einer Menge von fünftausend Männern und vielen Frauen und Kindern und speiste sie mit einer wundersam geringen Anzahl von Fischen und Broten. Die Heilige Schrift sagt uns in 1. Johannes 3,17: Wenn wir die Güter der Welt besitzen und einen Bruder oder eine Schwester in Not sehen und uns nicht bemühen, ihnen zu helfen, dann leben wir nicht in der Wahrheit.

Gott setzt sein Volk ein, um seinen Willen auszuführen und sich um die Seinen zu kümmern, insbesondere um diejenigen, die in Not sind. Apostelgeschichte 11,29 berichtet, dass die Jünger den

Brüdern und Schwestern in Judäa Vorräte schickten, um sie in der Hungersnot zu versorgen. Wir müssen uns der Realität stellen, dass Menschen hier bei uns und weltweit, einschließlich uns selbst, von Ernährungsunsicherheit betroffen sein können – sei es aufgrund von Hungersnöten, Lebensmittelknappheit, Verteilungsungerechtigkeit oder Naturkatastrophen. Es ist unsere gemeinsame Verantwortung, zukunftsfähige Wege zu finden, die Erde zu bebauen und den hungernden Menschen Anteil an ihren Früchten zu geben.

## WAS DU TUN KANNST

### Verstehen, was bio und regional bedeutet

Wir werden von vielen Seiten aufgerufen, Lebensmittel zu kaufen, die besser für die Umwelt und die Menschen sind, aber die Fülle der Aufrufe und Angebote kann verwirrend sein. Es ist hilfreich, wenn man weiß, worauf man achten muss. Kauf, wenn möglich, regionale Bio-Lebensmittel, und achte auf Produkte aus regenerativer Landwirtschaft.

**BIO**

▶ Damit Lebensmittel als ökologisch gekennzeichnet und zertifiziert werden können, müssen sie die Normen der EU-Verordnung für den ökologischen Landbau erfüllen, die Kriterien für die Boden- und Wasserqualität, die Tierhaltung, die Schädlings- und Unkrautbekämpfung, die Beschränkung chemischer Zusatzstoffe und das Verbot von Antibiotika und Wachstumshormonen umfassen. Bio-Lebensmittel sind wahrscheinlich die nachhaltigste Option in deinem Supermarkt vor Ort.

**REGIONAL**

▶ Erkundige dich auf lokalen Märkten nach den Methoden der Landwirte. Da der Zertifizierungsprozess teuer sein kann, wenden Kleinbetriebe möglicherweise nachhaltige Verfahren an, ohne sich zertifizieren zu lassen.

▶ Regional bedeutet nicht immer biologisch (und umgekehrt), aber Gemüse aus regionalem Anbau ist wahrscheinlich frischer und nährstoffreicher.

▶ Werde Mitglied in einer landwirtschaftlichen Initiative wie z. B. einer solidarischen Landwirtschaft, bei der du die ökologische

Produktion eines bestimmten Betriebs abonnieren kannst. Mehr Informationen dazu findest du unter www.solidarische-landwirtschaft.org oder auch https://ernte-teilen.org.

## Lebensmittelverschwendung vermeiden

Jedes Jahr werden in Deutschland ca. 11 Millionen Tonnen Lebensmittel weggeworfen, davon fast 60 Prozent in privaten Haushalten. Das sind fast 80 Kilo pro Verbraucher im Jahr – allerdings sind hier organische Abfälle wie Schalen und Kerne usw. eingerechnet.[66] Indem wir unsere Einkaufs- und Essgewohnheiten ändern, können wir das Geschenk unserer Lebensmittel besser verwalten und schätzen.

**MINDESTHALTBARKEITSANGABEN VERSTEHEN**

▶ »Mindestens haltbar bis« beschreibt einen Zustand der Lebensmittelqualität, bis zu dem »das Lebensmittel unter angemessenen Aufbewahrungsbedingungen seine spezifischen Eigenschaften – Farbe, Konsistenz, Geschmack – behält«. Viele Lebensmittel sind auch nach Ablauf dieses Datums noch mehrere Tage, Wochen oder sogar Monate gut und für den Verzehr geeignet, du kannst dies selbst anhand von Geruch, Aussehen und Geschmack prüfen.

▶ »Zu verbrauchen bis« gilt für verderbliche Lebensmittel wie Fleisch, die aus Gründen der Lebensmittelsicherheit nur zeitlich begrenzt verwendet werden dürfen.[67] Diese sollten nach Ablauf des angegebenen Datums nicht mehr verzehrt werden.

**LEBENSMITTEL RETTEN**

▶ Auf Foodsharing- oder Nachbarschaftsplattformen kannst du Lebensmittel anbieten, die du nicht benötigst (weil du zu viel eingekauft hast, in Urlaub fährst oder dein Garten dich überreich

beschenkt), oder ernten oder abholen, was du selbst gebrauchen kannst.
- Schau im Internet nach, welche Lebensmittel du wie am besten lagerst, um zu vermeiden, dass sie verderben.

**LEG EINEN KOMPOST AN**
- Kompost wirkt Wunder für die Gesundheit des Bodens in deinem Hausgarten, als Mulch im Garten oder für Zimmerpflanzen. Auf den Kompost gehören organische Abfälle wie Obst- und Gemüseschalen, Blätter von Zimmerpflanzen, Kaffeesatz. Nicht auf den Kompost gehören kranke Pflanzen, Hunde- oder Katzenmist, Kohle- oder Holzkohlenasche, Milchprodukte (z. B. Butter, Milch, saure Sahne, Joghurt), Eier, Fette, Aufstriche oder Öle, Fleisch- oder Fischknochen und -abfälle, gekochte Speisereste oder mit chemischen Pestiziden behandelte Gartenabfälle.
- Wenn du wenig Platz hast, kannst du eine Komposttonne oder eine Wurmkiste verwenden.

**LEBENSMITTEL EINFRIEREN ODER WEITERVERWENDEN**
- Rette Lebensmittel (wie Fleisch und Brot), bevor sie verderben, indem du sie einfrierst.
- Friere Obst, Spinat oder Grünkohl ein und verwende es später für Smoothies. Mach aus deinem Gemüse eine Brühe oder einen Saft. Sei proaktiv und kreativ!
- Mach dich schlau, wie du Marmelade kochen oder Obst und Gemüse einwecken oder anderweitig haltbar machen kannst.

**NIMM AUCH NICHT PERFEKTE PRODUKTE**
- Es gibt Shops und Verkaufsstellen, die Gemüse und Obst mit Verfärbungen, Druckstellen oder unregelmäßigen Formen anbie-

ten, die Supermärkte oft wegwerfen, obwohl sie noch essbar sind, oder die gar nicht erst in große Handelsketten gelangen. Informiere dich bei Unperfekt-Shops, Sirplus oder etepetete oder unter dem Stichwort »Gerettetes Gemüse« im Internet.

## Unterstütze Betriebe, die regenerative und nachhaltige landwirtschaftliche Verfahren anwenden

Wenn der Boden übermäßig genutzt wird und erodiert, verliert er die für das Leben notwendigen Bestandteile. Wir können den Boden mit Kunstdünger auffüllen, um dies auszugleichen, aber die Mikroben und Pilze sind nicht ersetzbar. Kauf deine Produkte von landwirtschaftlichen Betrieben, die regenerative und nachhaltige Verfahren anwenden, um den Boden für die weitere Produktion zu erhalten.

**VERSCHAFF DIR EINBLICK IN NACHHALTIGE ANBAUMETHODEN DER LANDWIRTSCHAFT**

- ▶ Es gibt kein Patentrezept für jeden Betrieb, aber je nach Standort und Klima können nachhaltige Techniken und regenerative Verfahren eingesetzt werden.
- ▶ Regenerative Landwirtschaftsbetriebe nutzen den natürlichen Kreislauf der Ökologie des Bodens, um eine Regeneration zu ermöglichen, die gesunde Böden (reich an Mikroorganismen) und langfristige Produktivität schafft.
- ▶ Besuche landwirtschaftliche Betriebe in deiner Nähe und informiere dich über ihre Anbaumethoden. Zu den regenerativen und nachhaltigen Verfahren, nach denen du dich erkundigen kannst, gehören die Fruchtfolge, der Anbau von Deckfrüchten, Direktsaat oder reduzierte Bodenbearbeitung, die Integration von Viehhaltung, Agroforstwirtschaft und Pufferzonen.

## Unterstütze lokale und internationale Organisationen

Informiere dich über die Lebensmittelsituation in deinem Umfeld und suche nach Möglichkeiten, Gemeinden darin zu unterstützen, gesunde Lebensmittel mithilfe von Verfahren zu produzieren, die die Bodengesundheit fördern.

**HILF MIT BEI DER TAFEL ODER ANDEREN INITIATIVEN, DIE BEDÜRFTIGE MENSCHEN VERSORGEN**

▸ Kirchengemeinden unterhalten oder unterstützen oft Versorgungsprogramme wie Suppenküchen oder Tafelläden. Engagiere dich in einer solchen Einrichtung oder gründe eine in deiner Nähe.

**INITIIERE EINEN NACHBARSCHAFTSGARTEN**

▸ Sprich deine Nachbarn an, um herauszufinden, ob Interesse am gemeinsamen Anbau von Lebensmitteln besteht, und gründe ein Komitee mit möglichst vielen Talenten (grüne Daumen, Schreiner usw.). Das ist eine großartige Gelegenheit, in Kontakt zu kommen und die Gemeinschaft in der Nachbarschaft zu fördern!

▸ Legt den Standort fest. Wenn es sich nicht um einen Privatgarten von Mitgliedern handelt, müsst ihr vielleicht mit der Gemeinde oder örtlichen Behörden Kontakt aufnehmen und Bedingungen für die Nutzung von Land aushandeln.

▸ Recherchiert, welche Pflanzen in deinem lokalen Klima gut gedeihen, und legt euren Garten an. Teilt die Erzeugnisse untereinander auf oder spendet einen Teil der Ernte an die Tafel oder eine entsprechende Initiative.

**UNTERSTÜTZE WELTWEITE ORGANISATIONEN**

- *Growing Hope Globally* ist eine christliche gemeinnützige Organisation, die gemeinsam mit Kirchen und Gemeinden an der Beseitigung des Hungers in der Welt arbeitet.
- *Echo: Hope Against Hunger* ist eine christliche Organisation, die Kleinbauern und ihre Familien mit nachhaltigen landwirtschaftlichen Methoden vertraut macht.

**Kauf nachhaltige Mode**

Wenn du Kleidung kaufst, denkst du vielleicht nicht an landwirtschaftliche Betriebe, aber unsere Stoffe enthalten landwirtschaftliche Produkte wie Baumwolle, Flachs oder Hanf. Für diese Textilrohstoffe werden Land, natürliche Ressourcen und Arbeitskräfte benötigt.

**ENTWICKLE EIN BEWUSSTSEIN FÜR DAS VERSCHWENDUNGSPROBLEM IM MODEBEREICH**

- Deutschland produziert jährlich annähernd 400 000 Tonnen Textilmüll und belegt damit den 7. Platz der 15 größten Textilverschwender in Europa. Pro Kopf sind das knapp 5 Kilo Klamotten, die jährlich weggeworfen werden. Nur 10 Prozent davon werden recycelt, mehr als die Hälfte landet auf besonders umweltschädlichen Deponien.[68]
- *Fast Fashion* ist eine Design-, Herstellungs- und Marketingmethode, die sich auf die schnelle Produktion großer Mengen von Kleidung konzentriert. Hier werden übermäßig viele Nährstoffe aus Düngemitteln verwendet. Die Chemikalien für die Produktion, zum Färben und Veredeln der Stoffe verschmutzen Flüsse und Bäche. *Fast Fashion* ist mehrfach wegen Menschenrechtsverletzungen durch schlechte Arbeitsbedingungen und Kinderarbeit in die Kritik geraten.

▶ Für die Herstellung eines einzigen T-Shirts werden etwa 2650 Liter Wasser verbraucht[69] – das entspricht der empfohlenen Trinkwassermenge eines Menschen in fünf Jahren.

**KAUF NACHHALTIGE MODE**
▶ Informiere dich über Zertifizierungssiegel für Textilien wie IVN Best, Fair Wear Foundation, Grüner Knopf, GOTS (Global Organic Textile Standards), Bluesign, OEKO-TEX, Fairtrade u. a. und achte beim Kleiderkauf darauf, Produkte von Unternehmen zu kaufen, die nachhaltige und ethische Praktiken verfolgen.

▶ Achte auf Kleidungsstücke mit einem Etikett, das den chemischen Gehalt zertifiziert: OEKO-TEX, GOTS oder BLUESIGN.

▶ Kauf Kleidung in Secondhandläden und Flohmärkten oder beteilige dich an Kleidertauschbörsen.

▶ Informiere dich über ethische und nachhaltige Kleidermarken wie Grüne Erde, Armedangels, Hessnatur, Loveco, Lanius, Lovejoi u. a.

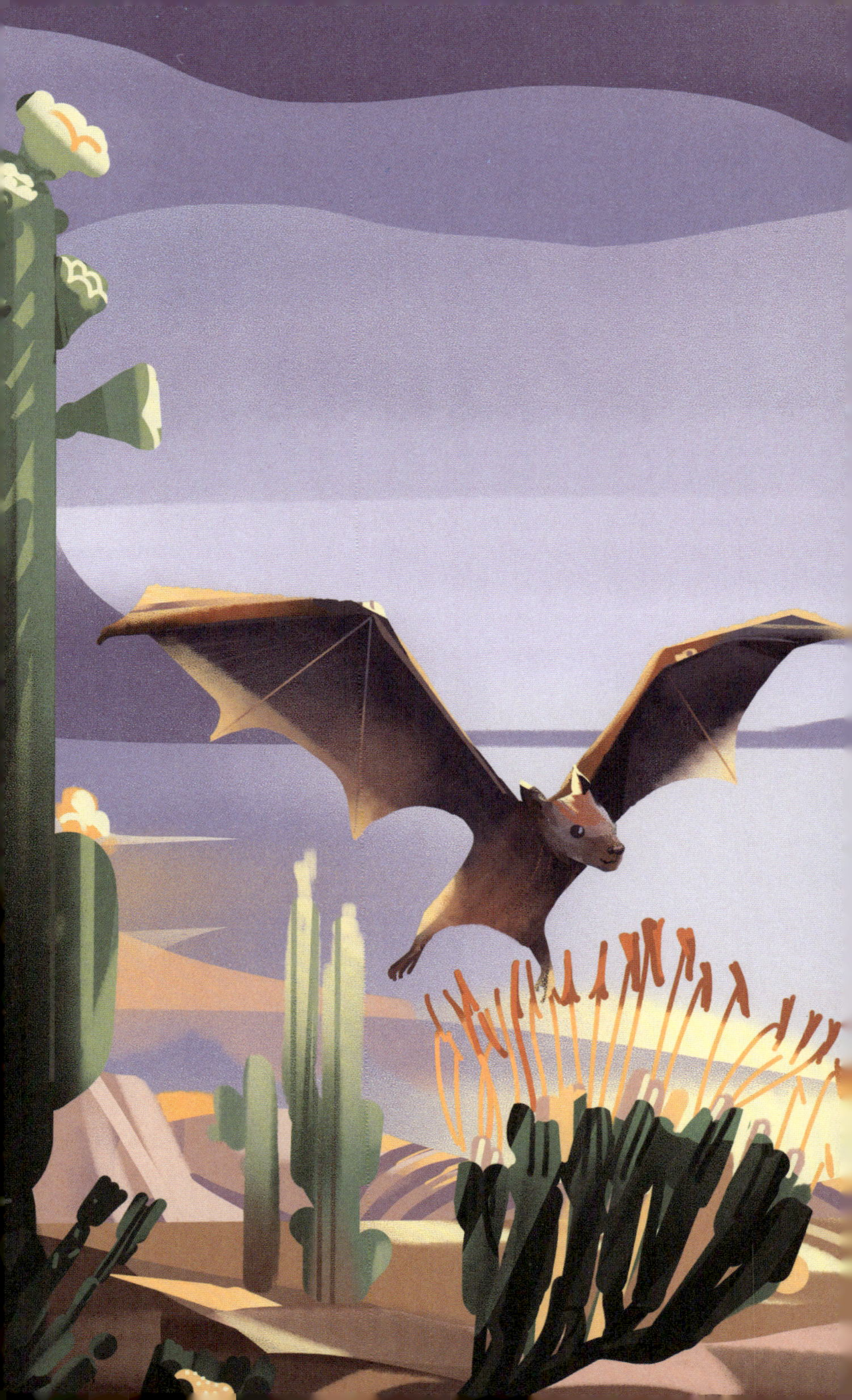

**KAPITEL 7**

# BESTÄUBER

Die unterschätzten Helfer

Johannes trug Kleider aus gewebtem Kamelhaar und einen Lederriemen um die Hüften; er ernährte sich von Heuschrecken und wildem Honig.

MATTHÄUS 3,4

Denkst du an Bienen, wenn du einen Klecks Honig genießt? Oder wenn du Kerne in einem Salat genießt oder eine Gurke isst? Mehr als zwei Drittel der landwirtschaftlichen Nutzpflanzen auf der Welt sind auf Bestäuber angewiesen – Bestäuber sind also für unsere Umwelt unverzichtbar.[70] Wir haben es den Bestäubern zu verdanken, dass wir Grundnahrungsmittel wie Kartoffeln, Karotten, Paprika, Tomaten, Nüsse, Äpfel, Erdbeeren und vieles andere genießen können. Die Früchte und Samen, die durch Bestäubung entstehen, sowie die Insekten selbst machen einen erheblichen Teil der Nahrung anderer Tiere aus. Ohne diese Insekten würde die Nahrungskette in allen Ökosystemen zusammenbrechen.

Zwischen 75 und 95 Prozent aller Blühpflanzen sind bei der Bestäubung auf Insekten und andere Tiere angewiesen.[71] Ohne Bestäuber gäbe es die Vielfalt der Pflanzen, die unseren Planeten verschönern, nicht. Welche Wunder unserer Welt würden wir verlieren ohne diese komplexe gegenseitige »Freundschaft« zwischen Pflanzen und Insekten! Traurigerweise sind die Bestäuber aufgrund der Zerstörung ihres Lebensraums, von Pestizideinsatz und eingeschleppten Krankheiten stark bedroht – und sie brauchen unsere Hilfe, um sich zu erholen.

> Welche Wunder unserer Welt würden wir verlieren ohne die komplexe gegenseitige »Freundschaft« zwischen Pflanzen und Insekten!

## DAS VERSCHWINDEN DER INSEKTEN

Rückläufige Entwicklungen bei den Insektenpopulationen haben die Wissenschaft alarmiert und ließen Forderungen laut werden, Bestäuberarten zu schützen und dafür zu sorgen, dass sie sich erholen können. In Deutschland ist der Bestand an fliegenden Insekten in Naturschutzgebieten zwischen 1989 und 2016 um 75 Prozent zurückgegangen. Mehr als 40 Prozent der Insektenarten sind vom Aussterben bedroht.[72] Ergebnisse wie diese haben den Gedanken an eine »Insektenapokalypse« ausgelöst: Es wächst die Befürchtung, dass sich die Ernten signifikant verringern und Ökosysteme auf der ganzen Welt zusammenbrechen werden, wenn wir die Insekten verlieren. Aber wie bei vielem in der Natur ist nicht immer sicher oder absehbar, wie sich die Dinge entwickeln werden.

Zur Vorhersage globaler Trends bei Insekten verwenden Wissenschaftler Modelle, die Daten aus einer Handvoll von Orten nehmen und diese Statistiken dann auf andere, nicht untersuchte Gebiete anwenden oder projizieren. Dadurch können die tatsächlichen Zahlen zu stark vereinfacht werden – eine untersuchte Region ist beispielsweise nicht unbedingt repräsentativ für den Rest des Planeten. Insektenpopulationen schwanken sehr stark, abhängig von Zeit und Lebensraum, und es ist schwierig, langfristige Trends zu erkennen. Aber selbst wenn man dies berücksichtigt, hat die Zahl der landbewohnenden Insekten von Jahrzehnt zu Jahrzehnt abgenommen. Dies ist auf globaler Ebene besorgniserregend und Grund genug, etwas für den Schutz und die Förderung unserer wertvollen Insekten zu tun.

### Bienen

Jedes Frühjahr fahren Kolonnen von Lkws die kalifornische Küste entlang und bringen etwa eine Million Bienenstöcke zu den Mandelplantagen, damit die Insekten die Pflanzen bestäuben. Diese kontrollierte Bestäubungsaktion ist die größte der Welt und eine Reaktion auf den Zusammenbruch der natürlichen Bienenpopulation in den USA.

Weltweit wird die Zahl der Bienenarten auf 20 000 geschätzt, davon leben etwa 3 600 allein in den USA und Kanada. Viele Arten von Hummeln und Honigbienen sind jedoch in ganz Nordamerika rückläufig. Die Rostbraungefleckte Hummel findet sich beispielsweise auf der Liste der gefährdeten Arten. Die Zahl der Honigbienenvölker in den USA ist innerhalb von sechs Jahrzehnten um 3,5 Millionen zurückgegangen (1947 wurde mit 6 Millionen ein Höchststand erreicht).[73] Wildbienen erfahren weniger Aufmerksamkeit; sie sind jedoch noch stärker gefährdet. Mehr als die Hälfte der einheimischen Bienenarten sind im Mittleren Westen der USA im Lauf des letzten Jahrhunderts verschwunden.[74]

### Was ist Bestäubung?

Bei der Bestäubung von Blumen wird der Pollen über das Staubgefäß (den Pollen produzierenden Teil der Blüte) vom Staubbeutel (dem Teil des Staubgefäßes, in dem der Pollen produziert wird) auf die Narbe (den Teil des Stempels oder des Eizellen produzierenden Teils der Blüte, in dem der Pollen keimt) übertragen, und zwar entweder in derselben Pflanze (Selbstbestäubung) oder in einer anderen (Fremdbestäubung). Dieser Vorgang gewährleistet die Erzeugung von Früchten und Samen. Bei der Übertragung von Pollen spielen Insekten und auch Vögel und Fledermäuse eine Rolle, aber Insekten sind bei Weitem am aktivsten und stehen in einer lebenswichtigen gegenseitigen Beziehung zu Pflanzen. Blumen locken Insekten mit ihren leuchtenden Farben und ihrem süß duftenden, zuckerhaltigen Nektar an und sind strukturell an die Mundwerkzeuge der Insekten angepasst. Einige Insekten verfügen über spezielle Werkzeuge und Fähigkeiten, um an den Pollen oder Nektar zu gelangen, z. B. lange, eingerollte »Zungen«, die sich abrollen und den Nektar tief unten in den röhrenförmigen Blüten erreichen. Die australische blaugebänderte Pelzbiene sowie viele Holzbienen und Hummeln summen und vibrieren, um Pollen freizusetzen – ein faszinierender Trick, der als »Vibrationsbestäubung« bezeichnet wird.

### Schmetterlinge und Nachtfalter

Auch bei Schmetterlingen und Nachtfaltern ist ein auffälliger Rückgang zu verzeichnen. In Nordamerika flatterte der malerische Monarchfalter früher häufig in den Gärten herum, aber heute sieht man seine orangefarbenen Flügel nur noch selten. Im Osten ist der Monarch stark gefährdet, im Westen vom Aussterben bedroht.[75] Es werden Anstrengungen unternommen, um für die Wanderfalter entlang ihrer beeindruckenden, 4500 Kilometer langen Route nach Mexiko Raststationen mit Nahrung und Rastmöglichkeiten einzurichten.

### Fledermäuse auf anderen Kontinenten

Fledermäuse gehören zwar nicht zur Familie der Insektenbestäuber, aber sie sind wichtige nächtliche Bestäuber im Tropen- und Wüstenklima. Die meisten Fledermausarten, die sich von Früchten ernähren und diese bestäuben, leben in Afrika, Südostasien und auf den pazifischen Inseln. Mehr als dreihundert verschiedene Obstsorten sind auf die Bestäubung durch Fledermäuse angewiesen, darunter Mangos, Bananen und Guaven.[76] In Nordamerika sind einige Fledermausarten, die Millionen von Moskitos fressen, durch eine Pilzkrankheit namens Weißnasensyndrom bedroht. Sie macht sich als weißer Pilz an Schnauze und Flügeln bemerkbar.

# Die Bedeutung *von* Bestäubern

### WER SIND DIE BESTÄUBER?
Insekten (wie Ameisen, Bienen, Schmetterlinge und Fliegen), andere Tiere (wie Vögel, Fledermäuse, Reptilien, Eichhörnchen, Nagetiere und Affen) – und sogar Menschen

### GIBT ES NOCH ANDERE MÖGLICHKEITEN DER BESTÄUBUNG?
Ja – der Wind trägt Pollen weiter, und manche Blüten bestäuben sich selbst.

### WER IST DER WICHTIGSTE BESTÄUBER?
Die Bienen führen die Hitliste des Bestäubungserfolgs bei Weitem an. Im Jahr 2010 trugen Honigbienen zur Bestäubung von Kulturpflanzen im Wert von 19 Milliarden Dollar bei.

### WARUM SIND BESTÄUBER WICHTIG?
Weltweit sind 70 Prozent der meistgehandelten Nahrungspflanzen und 35 Prozent der Nahrungsmittelproduktion auf Bestäubung angewiesen.

### WELCHE ARTEN VON NAHRUNGSMITTELN SIND VON BESTÄUBUNG ABHÄNGIG?
Die meisten unserer Früchte (vom Apfel bis zur Zitrone), Nüsse und Samen (von Chiasamen bis zur Walnuss), Gewürze und Würzmittel (von Anis bis Zimt), Milchprodukte (Kühe fressen Pflanzen, die bestäubt werden) und sogar Kaffee und Schokolade!

### WIE VIELE PFLANZEN SIND INSGESAMT AUF BESTÄUBUNG ANGEWIESEN?
Zwischen 75 und 95 Prozent der Blütenpflanzen sind für ihre Fortpflanzung zumindest teilweise auf Bestäuber angewiesen.

### WIE FUNKTIONIERT DIE BESTÄUBUNG?
Insekten und Tiere übertragen den Pollen von den männlichen auf die weiblichen Teile einer oder mehrerer Blüten – also von den Staubgefäßen auf die Stempel –, um die Vermehrung zu ermöglichen.

# UNSERE VERANTWORTUNG

Der Bestand an Insekten und Bestäubern ist derzeit rückläufig, aber wir können viel tun, um ihnen zu helfen, sich zu erholen. Aufgrund ihrer wichtigen Rolle bei der Bestäubung und in unseren Ökosystemen brauchen Schmetterlinge und Bienen unsere Unterstützung und unseren Schutz. Sie stehen stellvertretend für Millionen anderer Insekten wie Käfer, Wespen, Thripse und Grashüpfer, die in der freien Natur ebenfalls unter einem erheblichen Rückgang leiden, der in erster Linie auf menschliches Handeln oder Nichthandeln zurückzuführen ist. Zu den Hauptursachen gehören der übermäßige Einsatz von Pestiziden, die Zunahme von Monokulturen wie Mais und Sojabohnen, die Verstädterung und die Zerstörung von Lebensräumen.[78] Damit unsere Nutzpflanzen und die Lebensräume von Wildtieren weiterhin funktionieren, müssen wir die Erforschung der Populationstrends von Insekten fördern und Änderungen vornehmen, um ihre Zukunft, unsere Nahrungsmittelversorgung und den Fortbestand der Blumen, Wiesen und sonstiger Lebensräume unseres Planeten zu schützen.

---

←

Die Bestäubung ist entscheidend für unser Überleben. Etwa 85 Prozent aller Pflanzen sind auf Bestäuber angewiesen, um Samen zu produzieren, die der Schlüssel zur Bildung der nächsten Pflanzengeneration sind.[77] Diese wiederum liefern Nahrung für die nächste Generation von Bestäubern und anderen Lebewesen. Da Pflanzen standortfest sind, fungieren die Bestäuber als »Pollen-Transporteure«.

# EINE BIBLISCHE PERSPEKTIVE

Gott offenbart uns sein Wesen unter anderem durch die Natur. In Lukas 12,27-28 sagt Jesus: »Seht doch die Lilien, wie sie wachsen. Sie arbeiten nicht und nähen sich keine Kleider … Wenn Gott schon für die Blumen so wunderbar sorgt … wie viel mehr wird er da für euch sorgen?« Hast du schon einmal darüber nachgedacht, dass Gott die Bestäuber einsetzt, um die Blumen wachsen zu lassen und das Gras auf dem Feld zu »kleiden«? In seiner schöpferischen und praktischen Vorsorge setzt Gott die Insekten ein, um die Blumen zu bestäuben, die wir lieben, und um die Früchte wachsen zu lassen, die wir essen. Ebenso praktisch und einfallsreich ist Gott auch, wenn es darum geht, uns das zukommen zu lassen, was wir brauchen. Er verdient unser ganzes Vertrauen.

### Eine Lektion von Insekten

Von den Insekten können wir etwas lernen. In Jesaja 40,22 heißt es: »Gott thront hoch über der Erde. Die Menschen erscheinen ihm wie Heuschrecken.« Werden wir im Lukasevangelium mit den Blumen verglichen, so sind es hier Heuschrecken – wir sind nur für kurze Zeit auf der Erde und verschwinden dann, und unser Körper wird wieder zu Staub. Unser Leben ist kurz und flüchtig wie das von Heuschrecken, Gott dagegen bleibt ewig und für alle Zeiten.

> Gott ist praktisch und einfallsreich, wenn es darum geht, uns das zukommen zu lassen, was wir brauchen.

Wie reagieren wir, wenn wir damit konfrontiert werden, wie flüchtig das Leben ist? Wenn es dir so geht wie mir, bist du bei diesem Gedanken vielleicht bestürzt oder verzweifelt, oder du versuchst, überhaupt nicht daran zu denken. Ein gesundes Bewusstsein für die Vergänglichkeit des Lebens lehrt uns, »unsere Zeit zu nutzen, damit wir weise werden« (Psalm 90,12).

Der Blick auf die Vergänglichkeit ruft uns dazu auf, unser Leben im Kontakt zu Gott und seinen ewigen Zielen zu leben, die uns überdauern werden. Egal, wie lange wir hier auf der Erde sind, wir können uns bewusst und gezielt auf Gottes Werk konzentrieren. In Epheser 2,10 heißt es: »Denn wir sind Gottes Schöpfung. Er hat uns in Christus Jesus neu geschaffen, damit wir die guten Taten ausführen, die er für unser Leben vorbereitet hat.« Zu diesen guten Taten gehören auch unsere Sorge für die Umwelt und ein entsprechendes Handeln.

## DIE WIDERSTANDSFÄHIGKEIT VON INSEKTEN

Die Insekten der Erde verschwinden zu Milliarden. Sie werden von anderen Tieren verzehrt, durch Wetterumschwünge getötet und leicht unbemerkt zertreten. Dennoch sind sie als Gemeinschaft widerstandsfähig und vermehren sich mit erstaunlicher Geschwindigkeit. Sie erholen sich schnell von Angriffen und Vernichtung. Ihre Lebensspanne dauert manchmal nur wenige Tage, aber ihre jubilierenden Laute und ihre unermüdliche Aktivität sind wie ein beständiges Lob.

In gewisser Weise sind die Insekten, die von uns zerstört werden und doch für unsere Nahrung sorgen, ein Sinnbild für Christen.

*Wenn du daran denkst, dass du vielleicht kein Morgen mehr hast, wie willst du dann heute im Sinne Gottes leben?*

Paulus schreibt über sein Leben als Apostel: »Geschmäht, segnen wir; verfolgt, dulden wir; gelästert, reden wir gut zu; wie Unrat der Welt sind wir geworden, ein Abschaum aller bis jetzt« (1. Korinther 4,12-13; ELB). Das gilt auch für das Volk Gottes: Wenn wir mit Füßen getreten, bedroht, verflucht und ausgelöscht werden, gehen wir nur umso lebendiger daraus hervor, und Gottes

Familie wächst exponentiell, so wie es manche Insekten tun. Wenn wir den Druck der Probleme dieses Planeten spüren, können wir uns entscheiden, mit Liebe zu reagieren statt mit Schulterzucken und Passivität.

Was würde sich in deinem Leben ändern, wenn du deinen Glauben wie eine Heuschrecke leben würdest? Wenn du daran denkst, dass du vielleicht kein Morgen mehr hast, wie willst du dann heute im Sinne Gottes leben? Wie behandelst du die Menschen und diese Erde, die dir für eine begrenzte Zeit anvertraut wurden?

# WAS DU TUN KANNST

## Insektenfreundlicher Garten

Einige Methoden der Gartenpflege schädigen oder töten unbeabsichtigt Bestäuber. Mach Schluss damit und verwende bestäuberfreundliche Verfahren in deinem Garten.

**MÄHABSTÄNDE INSEKTENFREUNDLICH GESTALTEN**
- Reduziere das Mähen auf alle zwei Wochen. Dies ist für die Bienenpopulationen am besten: Rasenflächen, die alle zwei Wochen gemäht werden, weisen 30 Prozent mehr Bienen auf als solche, die wöchentlich gemäht werden.[79]
- Wenn alle zwei Wochen gemäht wird, wachsen auch Pflanzen, die ein Lebensraum für die Nahrungssuche einheimischer Bienen sind, wie z. B. Klee.

**ENTDECKE DEN CHARME DER WILDEN NATUR**
- Lege in deinem Garten eine Wildblumenwiese an. Sie zieht wunderschöne Schmetterlinge, Bienen und Vögel an und hilft, diese zu bewahren.
- Bau im Garten Kräuter und Gemüse an, die Bestäuber anlocken und die dir als gesunde Lebensmittel dienen. Je nach Standort kommen zum Beispiel folgende Pflanzen infrage: Kürbis, Basilikum, Salbei, Majoran, grüne Bohnen, Lavendel, Apfelbäume, Radieschen und Sonnenblumen.

**BIETE INSEKTEN UNTERSCHLUPF**
- Äste, totes Laub und alte Bäume sind ein ideales Zuhause für Insekten. Selbst kleine, versteckte Ecken mit Gartenabfall sind eine Wohltat für sie.
- Wenn du wenig Platz hast, hänge ein Insektenhotel auf.

## Pflanze einen Insektengarten

Mit der Anlage eines Insektengartens kannst du viel zur Rettung von Bestäubern beitragen. Vielleicht ist das auch eine gute Idee für deine Kirchengemeinde oder deine Nachbarschaft. Du kannst Freiwillige organisieren, die bei der Gartenpflege und der Unkrautbekämpfung helfen.

**TIPPS FÜR INSEKTENGÄRTEN**
- Wenn du wenig Platz hast: Für eine Bienenweide genügen schon ein paar Pflanzen auf deinem Balkon.
- Insektengärten benötigen einheimische Pflanzen, um die besten Ergebnisse zu erzielen. Insekten (und andere Tiere) in deiner Region gedeihen besser im Zusammenspiel mit Pflanzen, die naturgemäß hier wachsen und an die Bedingungen angepasst sind.
- Tipps für die Anlage eines insektenfreundlichen Gartens findest du z. B. auf den Seiten des Naturschutzbundes Deutschlands (NABU), der deutschen Wildtierstiftung und des BUND.
- Wähle eine Mischung von Pflanzen, die vom zeitigen Frühjahr bis zum Spätherbst blühen. Pflanze auch nachtblühende Blumen für Nachtfalter.
- Bevorzuge mehrjährige Pflanzen, da sie jedes Jahr nachwachsen und weniger Pflege benötigen.

▶ Wähle einen Vollsonne- oder Halbschattenplatz und verwende den nährstoffreichen Kompost, den du vielleicht schon selbst herstellst (s. Kapitel »Boden«).

## Bau eine Raststation für Wanderfalter

Informiere dich im Internet, welche Wanderfalter es in Deutschland gibt. Distelfalter etwa legen Strecken von bis zu 15 000 Kilometer zurück und brauchen Zwischenstationen sowie Lebensräume für die Nahrungsaufnahme und die Eiablage. Lege einen Rastplatz für Wanderfalter in deinem Garten oder Balkon, in der Schule oder deiner Kirchengemeinde an.

**PFLANZE SCHMETTERLINGSFREUNDLICHE PFLANZEN**
▶ Eine Auswahl an Pflanzen, die Schmetterlinge anziehen, findest du auf etlichen Internetseiten zum Stichwort schmetterlingsfreundliche Pflanzen.

**WÄHLE EINEN GEEIGNETEN STANDORT**
▶ Nektarpflanzen gedeihen am besten an sonnigen Standorten in leichteren Böden (oder mit geringem Tongehalt). Suche einen Platz, an dem sie mindestens sechs Stunden Sonne pro Tag bekommen.
▶ Vermeide Standorte mit schlechter Drainage, um Wurzelfäulnis zu vermeiden und dem Boden die Möglichkeit zu geben, zu atmen.[80]

# Begrenze oder vermeide die Verwendung synthetischer Pestizide und Herbizide

Pestizide sind giftig für die Umwelt (und einige können auch Krebs verursachen). Viele Webseiten geben dir Auskunft, wie du Schädlinge oder Unkräuter im Garten mit natürlichen Mitteln bekämpfen kannst.

**KREATIVE ALTERNATIVEN**

- ▶ Ungiftige Alternativen zu Pestiziden sind Neemöl und Kieselgur (vorsichtig und sparsam verwenden, da sie auch nützliche Insekten töten können).
- ▶ Natürliche Fressfeinde wie Marienkäfer für Blattläuse und bestimmte Fadenwürmer für Bodenschädlinge (die sich von mehr als zweihundert Schädlingen ernähren) sind ebenfalls hilfreich. Pflanze Insektenpflanzen (solche, die Nützlinge anlocken) wie Minze, Rosmarin, Thymian und Ringelblume.[81]
- ▶ Um unerwünschtes Ungeziefer loszuwerden, locke insektenfressende Wildtiere wie Vögel an, indem du Nistkästen baust und Vogelfutterstellen und -tränken aufstellst.
- ▶ Mulchen ist eine umweltfreundliche Methode zur Unkrautbekämpfung, aber sorg dafür, dass der Mulch keine Herbizide enthält.

## Unterstütze Naturschutzorganisationen

- ▶ Unter dem Suchbegriff »Insekten schützen« oder »Bestäuber schützen« findest du etliche Initiativen, die sich für Insektenschutz einsetzen.
- ▶ Suche online nach einem Forschungsprojekt vor Ort. Vielleicht kannst du auch bei der Zählung und Überwachung von Insektenpopulationen in deiner Region helfen.

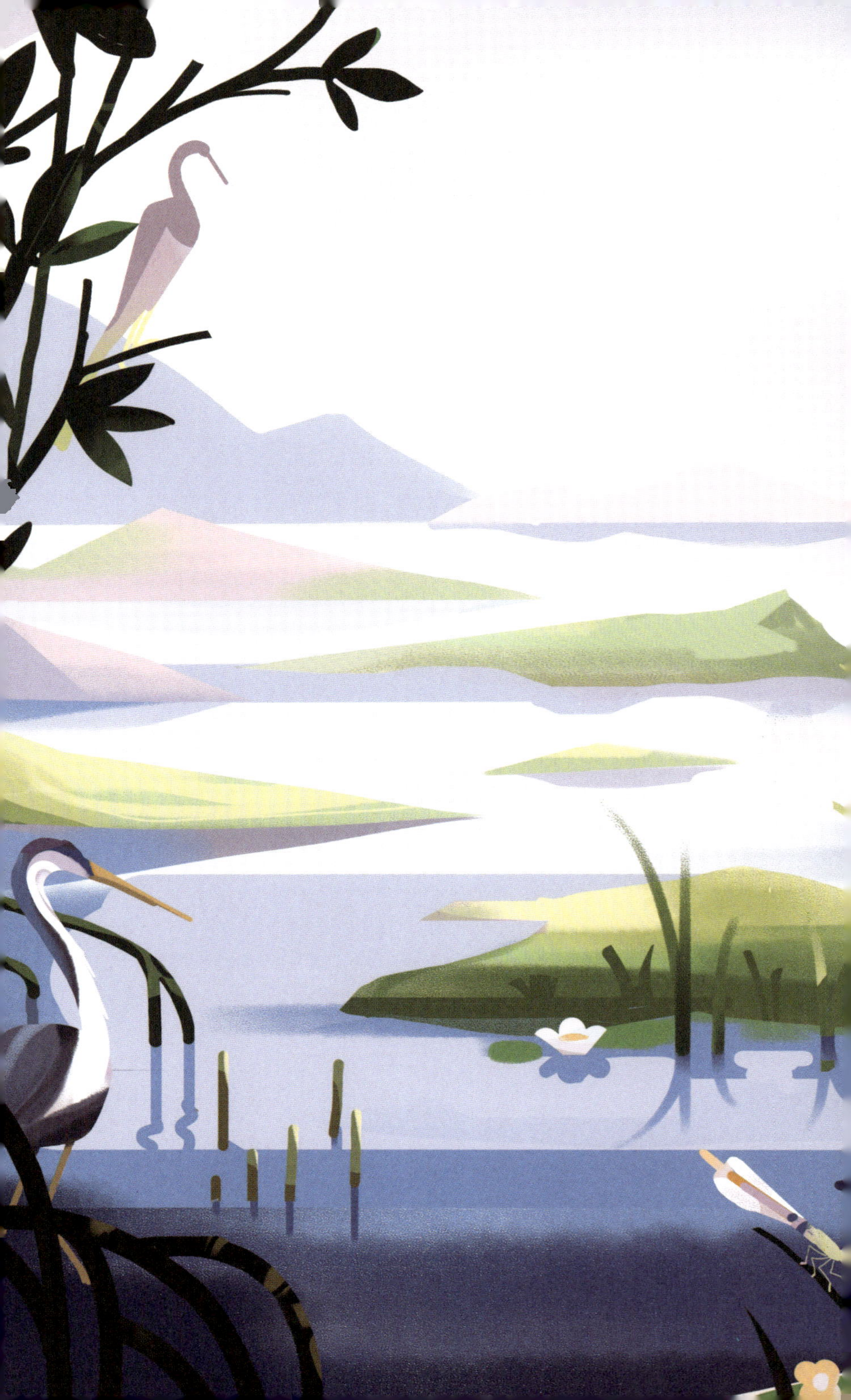

KAPITEL 8

# FEUCHTBIOTOPE

Die genialen Grenzgebiete der Natur

Wenn dieses Wasser dorthin kommt, dann wird
das Salzwasser gesund werden, und alles wird leben,
wohin der Fluss kommt.

HESEKIEL 47,9 (ELB)

Warst du schon einmal in einem Gebiet, in dem zwischen seichten Tümpeln trockenere, mit hohen Gräsern bewachsene Flächen sind? Vögel segeln darüber hinweg, Insekten schwirren durch die Luft. Du wusstest dann vielleicht: Ich bin in einem Feuchtgebiet.

Feuchtbiotope sind die Stützpfeiler, die andere Ökosysteme begrenzen und schützen. Sie sind die »Übergangszonen« zwischen Land- und Wasserwelt. Sie erbringen lebenswichtige Leistungen für jeden Lebensraum, an den sie grenzen oder zu dem sie gehören. Feuchtgebiete filtern und speichern auf natürliche Weise Giftstoffe und verhindern, dass diese in unsere Wassersysteme gelangen und sie verunreinigen. Sie sind auch ein Mittel der Natur, um Sturmschäden zu verhindern und bei Überflutungen Wasser zu absorbieren. Die Wurzeln ihrer Pflanzen stärken die Bodenstruktur der Erde und wirken so der Erosion entgegen. Hättest du gewusst, dass Feuchtbiotope von so einzigartiger Bedeutung sind?

> Feuchtbiotope filtern und speichern auf natürliche Weise Giftstoffe und verhindern, dass sie in unsere Wassersysteme gelangen.

### Was sind Feuchtbiotope?

Feuchtbiotope sind Landflächen, die saisonal oder ganzjährig mit Wasser überflutet oder durchtränkt sind. Hier wachsen Pflanzen, die an die Bedingungen im Wasser angepasst sind. Das kann je nach Standort Salzwasser, Süßwasser oder etwas dazwischen sein. Feuchtgebiete an der Küste sind meist salzhaltig und umgeben Flussmündungen, es sind teilweise geschlossene Gewässer, in denen sich Brackwasser findet (eine Mischung aus Süß- und Salzwasser). Feuchtbiotope im Binnenland enthalten in der Regel Süßwasser und liegen an Seen, Teichen und Bächen. Sie kommen auch in Prärien vor und können in Gebieten entstehen, in denen das Grundwasser an die Oberfläche steigt.

Viele Arten sind auf Feuchtbiotope angewiesen. Fische und Schalentiere nutzen sie als Aufzuchtgebiete. Hier finden sie Lebensraum für ihre Eier, Schutz und Nahrung. Zugvögel brauchen sie als Zwischenstation auf ihren langen Reisen. In den USA nehmen Feuchtgebiete nur etwa 5 Prozent der Landfläche ein, aber fast die Hälfte aller nordamerikanischen Vögel ernährt sich oder nistet in Feuchtbiotopen; ein Drittel der gefährdeten und bedrohten Arten sind auf sie angewiesen.[82]

Feuchtgebiete helfen auch, schädliche Algenblüten zu verhindern. Diese treten auf, wenn Gewässer mit Nährstoffen überlastet sind. Dies hat ein schnelles Algenwachstum zur Folge, das einen Großteil des Sauerstoffgehalts im Wasser absorbiert und zu einem massiven Fischsterben führt (wie im Kapitel »Boden« erwähnt). Einige Algenblüten sind für den Menschen giftig; sie sind wegen ihrer purpurnen Farbe, die man vom Ufer und sogar vom Weltraum aus sehen kann, als *Rote Flut* bekannt. Indem Feuchtbiotope überschüssige Nährstoffe aus Düngemitteln absorbieren, tragen sie dazu bei, schädliche Algenblüten in Flüssen, Seen und Flussmündungen zu verhindern.

Es gibt verschiedene Arten von Feuchtgebieten, in Mitteleuropa sind dies Moore, Auen, Sümpfe, Bruchwälder, Feuchtwiesen und Ufer. In den tropischen Küstengebieten bieten die beeindruckenden Wurzelsysteme der Mangroven Krabben, Muscheln, Garnelen und sogar Robben einen käfigartigen Schutz. Im Marschland wachsen vor allem Gräser und Sträucher, daher ist es ein Lebensraum vieler Vögel. So finden Amseln, Silberreiher und Schwärme von Schwalben im Schlamm und in der Vegetation reichlich Krebse und Insekten, von denen sie sich ernähren. Bruchwälder und Sümpfe findet man in Flussniederungen und an Ufern. Im Gegensatz zu Mooren trocknen Sümpfe immer wieder aus. Moore findet man in kälteren Klimazonen wie Kanada, Mittel- und Nordeuropa und sogar in der Arktis. Sie sehen aus wie Seen, die mit Ablagerungen von Blättern, Wurzeln und Stämmen gefüllt sind und auf deren Oberfläche Moos und Heidekraut wachsen. In Mooren wachsen oft skurrile fleischfressende Pflanzen wie Kannenpflanzen oder der Gehörnte Wasserschlauch, die kleine wirbellose Tiere anlocken, fangen und verdauen. Aber man kann hier auch angenehmere Dinge finden – zum Beispiel Preiselbeeren.

→

Mangroven halten die Küstengebiete gesund, bieten Lebensraum für Tausende von Arten, stabilisieren die Küsten, verhindern Erosion, filtern Verschmutzung einschließlich Kohlendioxid heraus und schützen das Land vor Wellen und Stürmen. Sie filtern bis zu 90 Prozent des Salzes aus dem Meerwasser und scheiden es über Drüsen und Blätter oder durch Abwerfen der Rinde aus. Die Zerstörung von Mangroven in Feuchtbiotopen führt zu Küstenschäden und vermehrten Überschwemmungen sowie zur Freisetzung großer Mengen von Kohlendioxid in die Atmosphäre.

# *Das Mangroven-Ökosystem*

- BAKTERIEN
- KANADAREIHER
- WEISSER IBIS
- SEEPOCKEN
- ALLIGATOR
- MANGROVENKRABBE
- SCHWIMMGARNELE
- ROTER SCHWAMM
- SANDBARSCH
- GEMEINER SNOOKFISCH
- EINSIEDLERKREBS
- GROSSER KISSENSTERN

## DIE BEDEUTUNG VON FEUCHTBIOTOPEN

Feuchtbiotope sind die am meisten unterschätzten Ökosysteme auf unserem Planeten, und sie verschwinden dreimal schneller als Wälder. Sie sind die Verbindungsglieder zwischen den Lebensräumen und jedes Ökosystem, das sie berühren, profitiert von ihnen. Zwischen 1970 und 2015 gingen weltweit etwa 35 Prozent der Feuchtgebiete verloren, wobei sich die Zerstörung seit 2000 jedes Jahr beschleunigt.[83] Wir haben deutliche Fortschritte darin gemacht, die Bedeutung der Feuchtgebiete zu verstehen und Schritte zu ihrem Schutz und ihrer Wiederherstellung zu unternehmen, aber es muss noch mehr getan werden.

## DAS VERSCHWINDEN DER FEUCHTBIOTOPE

Wir haben bereits mehr als die Hälfte unserer Feuchtbiotope verloren. Früher galten sie als Ödland ohne großen praktischen Nutzen. Sie wurden aufgefüllt, um Ackerland zu schaffen, und trockengelegt, um Städte zu bauen, zum Beispiel San Francisco oder Berlin. Bevölkerungswachstum und Verstädterung, insbesondere in Küstengebieten und Flussdeltas, treiben den Verlust von Feuchtgebieten und die Umwandlung in landwirtschaftliche Flächen voran. Aktuell sind Feuchtbiotope durch Entwässerung, Verschmutzung, invasive Arten, vernachlässigte Dämme, rückschreitende Erosion (Vertiefung eines Flusstales in Richtung der Quelle) und Sedimentablagerungen durch Abholzung bedroht.[84]

An den Küsten der USA mit Ausnahme von Alaska gehen jedes Jahr etwa 33 000 Hektar Feuchtbiotope verloren – das entspricht etwa sieben Fußballfeldern pro Stunde.[85] Ein Hauptgrund ist ihre Erschließung, da fast die Hälfte der US-Bevölkerung an den Küsten lebt. Dieser Verlust bedroht die nachhaltige Fischerei, gefährdete Arten, die Versorgung mit sauberem Wasser und den Schutz der Küsten vor Stürmen, Überschwemmungen und Gezeiten. Ohne Feuchtbiotope werden die Küstengemeinden anfälliger für starke Stürme, wie den Hurrikan Katrina im Jahr 2005, die bisher teuerste Naturkatastrophe in der Geschichte der USA.

## RENATURIERUNG UND AUFBAU VON FEUCHTBIOTOPEN

Im Kapitel Süßwasser wurden die Wasserprobleme in Indien beschrieben – Überschwemmungen während des Monsuns und versiegende Brunnen in Dürreperioden. Feuchtbiotope zu renaturieren ist hier eine hilfreiche Strategie. Beton und andere harte Oberflächen bei Erschließungsprojekten verhindern, dass Regenwasser in den Boden gelangt, und verschlimmern Überflutungen. Feuchtbiotope hingegen nehmen Wasser auf und tragen dazu bei, dass das Grundwasser in den Wasser führenden Schichten wieder aufgefüllt und Reserven für Trockenperioden gespeichert werden.

> Feuchtbiotope sind eine naturnahe Lösung für Probleme wie Wasserknappheit, Umweltverschmutzung und Gefährdung der Arten.

In dem Maße, in dem die Menschen erkannt haben, wie subtil, aber wirkungsvoll Feuchtbiotope uns und den Rest des Planeten beschützen und versorgen, wurden Schutzmaßnahmen ergriffen und mit der Wiederherstellung vieler Gebiete begonnen. Die Ramsar-Konvention ist ein globales Übereinkommen mit dem Ziel, Feuchtbiotope und ihre Ressourcen zu erhalten und nachhaltig zu bewirtschaften. Ihre Durchsetzung ist allerdings oft schwierig.

Es ist von entscheidender Bedeutung, dass wir unsere Feuchtgebiete schützen und renaturieren. Was steht auf dem Spiel? Stärkere Überschwemmungen, Sturmschäden, gefährliche Algenblüten, schwindende Fischbestände und die Verschmutzung von Wasserquellen durch Giftstoffe! Feuchtbiotope bieten auch eine natürliche Schönheit und Ruhe mitten in unserem hektischen städtischen und vorstädtischen Leben – Gelegenheiten für Freizeitaktivitäten wie Kajakfahren, Angeln und Vogelbeobachtung – und sollten zu einem geschätzten Teil unserer Landschaft werden. Sie sind eine naturnahe Lösung für verschiedene Umweltprobleme auf der ganzen Welt, von Wasserknappheit über Umweltverschmutzung bis hin zur Gefährdung der Arten.

## UNSERE VERANTWORTUNG

Wir können technologie- und naturbasierte Ansätze kombinieren, um die Wege zu finden, die für das Zusammenleben und die Verbindung mit unseren Naturräumen am besten geeignet sind. Anstelle von ökologisch bedenklichen Strukturen wie Betonmauern an den Küsten, um Grundstücke zu schützen, könnten Feuchtbiotope auf natürliche Art Sturmschäden begrenzen und Flutkatastrophen vorbeugen. Wenn wir Feuchtgebiete oder andere natürliche Elemente in den Küstenschutz einbeziehen, entwickeln wir sogenannte »lebende Küsten«, eine wachsende naturbasierte Strategie für Wasserstraßen.

> Der Wunsch des Menschen, den Planeten zu retten, hat etwas Heiliges an sich.

Der Wunsch des Menschen, den Planeten zu retten, hat etwas Heiliges an sich. Es ehrt uns, wenn wir uns weigern, angesichts der vielfältigen Nöte unserer Welt einfach untätig zu bleiben. Es ist auch ein Zeichen unserer Hoffnung auf den Himmel, in dem einmal alles endgültig erneuert sein wird. Aber wir sollten unsere Bemühungen nicht auf unsere eigenen Anstrengungen beschränken und unser Vertrauen nicht allein auf menschlichen Einfallsreichtum und technologische Fortschritte setzen (auch wenn diese natürlich ein wichtiger Teil von Lösungen für die Umwelt sind). Der Wunsch, die Welt zu retten, kommt aus dem Herzen Gottes. Er möchte mit uns zusammenarbeiten, wenn wir uns bemühen, zu heilen und wiederherzustellen, was zerstört ist. Wenn wir erkennen, mit welcher Weisheit Feuchtbiotope geschaffen wurden, und sie bewahren wollen, werden wir Wege finden, das Wohl der menschlichen Gemeinschaft ebenso zu sichern und zu bewahren wie das unserer Umwelt.

## EINE BIBLISCHE PERSPEKTIVE

Gibt uns die Heilige Schrift Aufschluss darüber, wie wir Feuchtbiotope pflegen und bewirtschaften sollten? Nicht konkret, aber wie bei vielen anderen praktischen Entscheidungen weist uns die Bibel auch im Umweltbereich auf den Wert der Weisheit im Umgang mit komplexen Fragen hin. Ein guter Umgang mit dem Land und seinen Ressourcen setzt voraus, dass wir die besten Optionen für die jeweilige Zeit, den jeweiligen Ort und die jeweiligen Umstände ermitteln.

### Gottes weiser Plan

Feuchtbiotope sind nicht unbedingt das erste Thema, an das man denkt, wenn es um die Sorge für die Erde geht. Aber in seiner Weisheit benutzt Gott oft etwas für seinen großen Plan, was die Welt als unbedeutend und klein einstuft -- etwa Fischer als erste Jünger von Jesus. Psalm 104,24 spricht von der Rolle der Weisheit bei der Gestaltung der natürlichen Welt: »Herr, welche Vielfalt hast du geschaffen! In deiner Weisheit hast du sie alle gemacht. Die Erde ist voll von deinen Geschöpfen.« Und Sprüche 3,19 bekräftigt das: »Durch Weisheit hat der Herr die Erde gegründet.«

Gott schuf Feuchtbiotope, um Giftstoffe und Salz zu absorbieren und Leben zu erzeugen und zu erhalten. Das ist eine überraschende Erkenntnis, doch es ist so genial! Als Christen sollte es uns nicht wundern, dass Gott Orte benutzt, die nutzlos erscheinen, denn Gott vollbringt immer wieder Wunder durch seine Schöpfung und durch unsere Lebensumstände. Es liegt in Gottes Wesen, seinen Plan an unerwarteten Orten und durch unerwartete Wege zu verwirklichen. Und wie wir gerade gelernt haben, schützen und versorgen Feuchtgebiete dich und mich ganz real, auch wenn wir es nicht bemerken.

> Immer wieder vollbringt Gott Wunder – durch die Natur ebenso wie durch unsere Lebensumstände.

### Die Weisheit der Natur in Harmonie

Wenn wir unsere Umweltprobleme auf eine weise Art lösen wollen, sollten wir nach Lösungen streben, die Frieden, Verbundenheit und gute Lebensbedingungen für alle bringen. Weisheit betrachtet Optionen von mehreren Seiten und Standpunkten und findet Lösungen, die allen Beteiligten zugutekommen.

Wir wissen zum Beispiel, dass Städte Wohnraum und gute Bedingungen als Wirtschaftsstandort benötigen. Gleichzeitig brauchen die Menschen saubere Luft und sauberes Wasser und einen Boden, der starken Regenfällen standhalten kann und Wasser aufnimmt, das bei Hitzewellen bei der Wasserversorgung hilft. Eine kluge Planung berücksichtigt all diese Erfordernisse und versucht, Städte so zu bauen, dass auch der Boden gedeihen und seine

Funktionen erfüllen kann. In Vancouver in Kanada wurde mitten in der Stadt in der Nähe eines Baches ein Feuchtbiotop angelegt. Feuchtgebiete sind eine naturnahe, dauerhafte Lösung für viele Umweltprobleme in unseren Städten, an den Küsten, auf Wiesen und in Wäldern.

Wir verlassen uns oft auf Technologie und menschliche Erfindungen, um unsere Probleme zu lösen, was nicht unbedingt falsch ist. Aber als Christen sollten wir darauf vertrauen, dass die Natur ein weiser Wegweiser für die Entwicklung von Umweltlösungen ist. Oft sind die Lösungen der Natur nicht äußerlich beeindruckend, sondern im Ansatz eher bescheiden. Unser Stapel beeindruckender, immer weiter fortschreitender Technologien kann dagegen das Niveau eines Turmbaus zu Babel erreichen. Unsere Bemühungen sollten deshalb zunächst darauf abzielen, Gottes Plan zu verstehen (etwa die Funktionsweise von Feuchtbiotopen), und wir sollten uns an seinem Einfallsreichtum bei den natürlichen Abläufen der Natur orientieren.

# WAS DU TUN KANNST

## Lerne Feuchtbiotope in deiner Nähe kennen

Feuchtbiotope sind erstaunlich verbreitet! Es gibt sie an den Küsten, in Parks und sogar an Straßenrändern und in tiefer gelegenen Gebieten in Städten, Gemeinden und Wäldern. Vielleicht lebst du ja in der Nähe eines der großen Feuchtbiotope, wie das Wattenmeer an der Nordsee, die Bayerische Wildalm, das Marschland an den Küsten, das Mühlenberger Loch bei Hamburg, das Seengebiet in Mecklenburg und Brandenburg, dem Chiemsee oder einem Moor. Aber auch an Seen oder Flüssen und Bächen finden sich oft kleinere Feuchtgebiete, Bruchwälder und Flussauen.

### ERKUNDE DIE FEUCHTBIOTOPE VOR ORT

▶ Recherchiere im Internet oder erkundige dich bei örtlichen Tourismus- oder Naturkundeverbänden, um herauszufinden, wo sich in deiner Nähe Feuchtbiotope befinden. Zieh Schuhe an, die auch mal nass werden können, und zieh los, um dir ein Bild zu machen!

▶ Besorg dir einen Naturführer Feuchtbiotope oder eine entsprechende App und staure über die Feinheiten und Wunder dieses Ökosystems. Erfahre, wie sie durch ihre Fauna und Flora die Systeme in ihrem Umfeld unterstützen.

▶ Größere Feuchtgebiete bestehen aus Zonen mit verschiedenen Pflanzenarten, die an die spezifischen Bedingungen von Feuchtigkeit und Salzgehalt angepasst sind, wie z. B. Hochlandvegetation, Saumvegetation und Wasservegetation, wo der Grundwasserspiegel höher ist.

## SETZ DICH FÜR DEN SCHUTZ VON FEUCHTGEBIETEN IN DEINEM UMFELD EIN

▶ Bundes-, Landes- und Kommunalbehörden haben jeweils unterschiedliche Zuständigkeiten bei der Durchsetzung von Regeln und Vorschriften, die Feuchtbiotope betreffen. Erkundige dich beim Bundesumweltministerium. Informiere dich bei deiner lokalen Stadt- und Kreisverwaltung über strittige Bebauungspläne oder Erschließungsvorhaben.

▶ Die Umwandlung von Ackerland in Bauland ist ein Faktor, der wesentlich für den Rückgang der Feuchtbiotopflächen verantwortlich ist. Überlege, ob und wie du dich in deinem Wohnort oder überregional in den entsprechenden Gremien für einen stärkeren Schutz dieser Flächen einsetzen kannst.

▶ Unterstütze erhöhte Umweltstandards bei der Nutzung von Freiflächen und unterstütze die Ausweitung von Bebauungsverboten in Überschwemmungsgebieten.

## Unterstütze Feuchtbiotope mithilfe deines Gartens

Unsere Rasenflächen sind Teil der Versickerungsfläche in unserer Region, aus denen sich bei Regen nahe gelegene Bäche und Feuchtbiotope speisen. Deshalb ist das, was wir auf unseren Grundstücken tun, wichtig für die Gesundheit und den Schutz der Feuchtbiotope. Sumpfbeete und Feuchtbiotope in größeren Gärten verlangsamen das Abfließen von Wasser. Sie ermöglichen es dem Boden, das Wasser zu absorbieren, während die Pflanzen es auf natürliche Weise reinigen, bevor es in die Flüsse und Feuchtbiotope gelangt.

**LEGE EIN SUMPFBEET AN**

▶ Wenn es regnet, sammelt sich Wasser und fließt von Dächern, Einfahrten und anderen harten Oberflächen ab. Ein Sumpfbeet fängt das abfließende Wasser auf, sodass es im Boden versickern und Schadstoffe herausfiltern kann.

- Ein Sumpfbeet besteht aus einheimischen Sträuchern, Stauden und Blumen und wird in einem abgesenkten Bereich einer Landschaft angelegt. Vielleicht hast du dich schon immer über eine Senke in deinem Garten geärgert – beim NABU findest du Tipps, wie du diese als Sumpfbeet gestalten kannst.[86]
- Pflanze in dein Sumpfbeet einheimische Pflanzen unter Berücksichtigung von Faktoren wie Sonnenstunden und ihren Fähigkeiten, Regenwasser zu absorbieren und Nährstoffe aufzunehmen, und der Trockenheitsresistenz.

**LEGE EINE VERSICKERUNGSMULDE AN**
- Eine Versickerungsmulde ist eine breite und flache Vertiefung, die Wasser ableitet. Eine Mulde sammelt den Abfluss von Einfahrten und Dächern und leitet das Wasser in dein Sumpfbeet.
- Du kannst die Mulde einfach mit einer Schaufel ausheben oder einen Bagger mieten. Viele Menschen entscheiden sich dafür, die Senke mit einer lockeren Steinschicht zu füllen, die den Fluss des Wassers verlangsamt und wie ein schöner Steinweg aussieht.

**LEGE EIN MINI-FEUCHTBIOTOP AN**
- Wenn du einen großen Garten hast oder eine öffentliche Fläche dafür zur Verfügung steht, kann sich deine Versickerungsmulde je nach abfließender Wassermenge, Anzahl von Abflussstellen und Höhenunterschieden auf eine größere Fläche erstrecken, in der du ein Feuchtbiotop anlegen kannst.

- Es sollte so angelegt sein, dass es je nach Saison Wasser speichern oder Wasser abgeben kann. Einheimische Feuchtbiotoppflanzen sollten gezielt gepflanzt werden, um Nährstoffe aus Gartendünger und Chemikalien aus dem abfließenden Wasser von Einfahrten und Parkplätzen aufzunehmen.
- Die Arbeit lohnt sich, wenn Wasservögel und andere Wildtiere deinen Garten entdecken und besuchen. Zudem ist es ein fantastischer Beitrag für die Umwelt vor Ort.

**VERMEIDE DEN EINSATZ VON PESTIZIDEN, HERBIZIDEN UND DÜNGEMITTELN**

- Vermeide nach Möglichkeit den Einsatz von Pestiziden und Düngemitteln oder setz diese nur sehr sparsam ein (siehe Kapitel 7 zu möglichen Alternativen).
- Wenn du Schädlinge bekämpfen musst, versuche es mit natürlichen Produkten wie Seife oder Insektiziden auf Pflanzenbasis. Als Dünger kannst du Mulch aus Rasenschnitt und Laub herstellen.
- Dünge oder behandle den Rasen nicht, wenn Regen zu erwarten ist, denn der Regen wäscht den Dünger oder die Pestizide weg.

---

### Vielleicht kannst du Fördermittel für Umweltschutzmaßnahmen auf deinem Eigentum erhalten

Wenn du einen größeren Garten hast, informiere dich im Internet über Fördermaßnahmen im Bereich Naturschutz für private Haushalte. Kontaktiere ggf. das Bundesministerium für Wirtschaft und Klimaschutz. Dort findet sich eine Liste von möglichen Fördermaßnahmen.

**Unterstütze gemeinnützige Organisationen, die sich für den Schutz und die Wiederherstellung von Feuchtbiotopen einsetzen**
Engagiere dich bei einer Initiative, die sich für Feuchtgebiet einsetzt, oder gründe selbst eine. Vielleicht wollen ein paar Leute aus deiner Gemeinde mit dir ein kleines Feuchtbiotop anlegen?

▶ Die *Stiftung Feuchtgebiete* konzentriert sich auf den Schutz und die Wiederherstellung von Feuchtbiotopen in Deutschland. Hier findest du auch Angaben zu regionalen Initiativen.

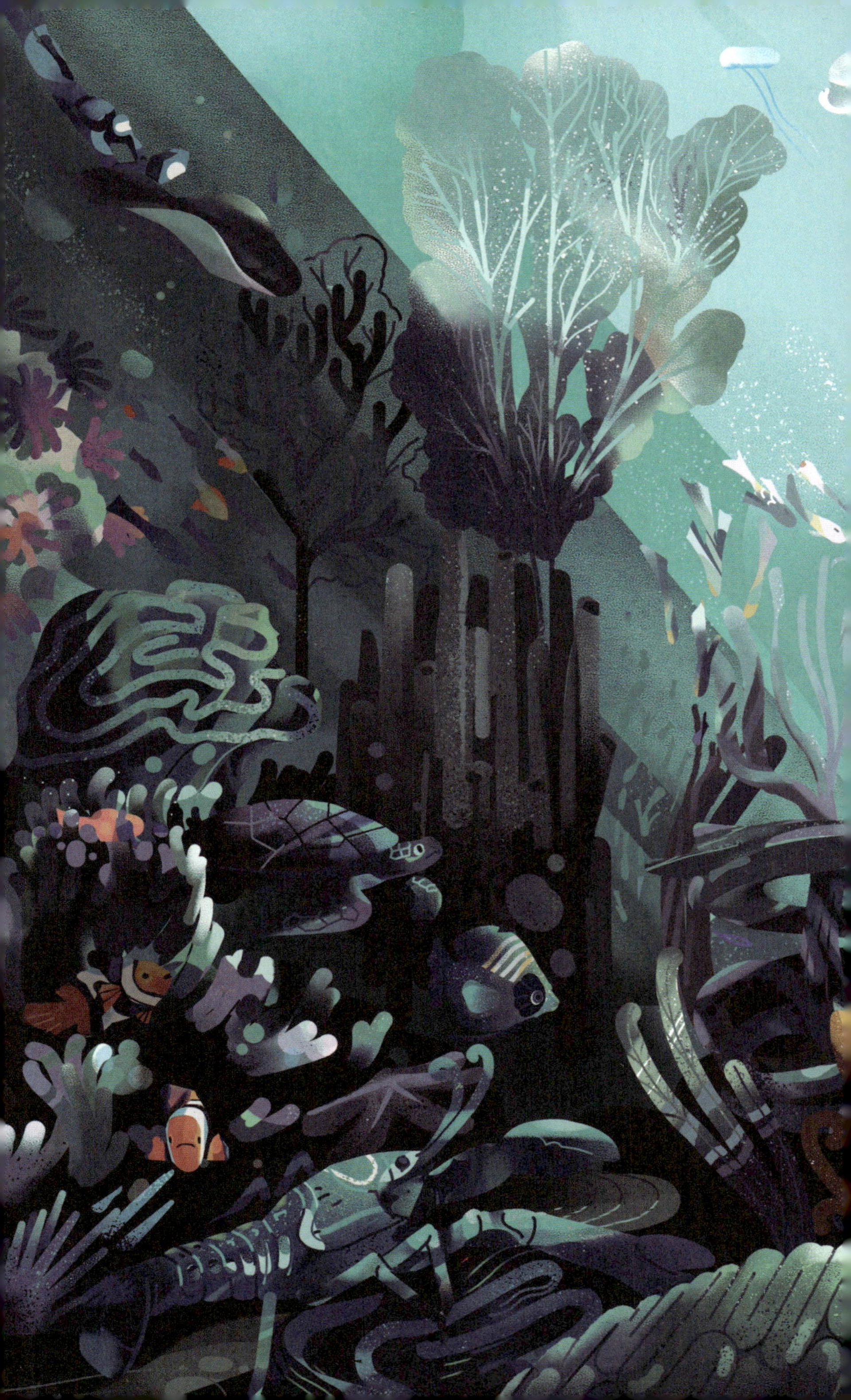

**KAPITEL 9**

# KORALLENRIFFE

---

Der Unterwasserspielplatz der Erde

> Selbst ferne Meeresländer erwarten seine Weisungen.
> JESAJA 42,4

Wenn Sonnenstrahlen auf die Verzweigungen und Schichtungen von Korallenriffen treffen, entwickelt sich ein leuchtendes Farbenspiel, in dem die Bewohner dieser Unterwasserwelten – Clownfische, Seesterne, Seepferdchen und Anemonen – ihren anmutigen Tanz vollführen. Korallenriffe machen weniger als ein Prozent der Meeresfläche aus, aber fast 25 Prozent aller Meereslebewesen sind auf sie angewiesen.[87] Ihre biologische Vielfalt ist so groß, dass sie auch als *Regenwald des Meeres* bezeichnet werden. Doch sie befinden sich in großen Schwierigkeiten – vor allem aufgrund menschlichen Handelns. Wenn wir jetzt nichts ändern, könnten wir 90 Prozent unserer Korallenriffe verlieren[88] und damit nicht nur diese nautische Wunderwelt, sondern auch ihren praktischen Nutzen.

> Die biologische Vielfalt der Korallenriffe ist so groß, dass sie auch als *Regenwald des Meeres* bezeichnet werden.

## DIE ZERSTÖRUNG DER KORALLEN

Auch wenn ein Teil der Zerstörung der Korallenriffe auf natürliche Ereignisse zurückzuführen ist, lässt sich doch nicht leugnen, dass ein Großteil der Schäden durch menschliche Unachtsamkeit verursacht wurde. Indem wir weiterforschen und mehr Bewusstsein für die Auswirkungen unserer menschlichen Aktivitäten entwickeln, können wir einen Teil des Schadens an diesem großartigen Teil der Schöpfung Gottes verhindern.

## Erwärmung der Gewässer

Von 2014 bis 2017 waren 70 Prozent der Korallenriffe der Welt von ungewöhnlich warmem Wasser betroffen, was zu einer massiven Korallenbleiche führte. Am australischen *Great Barrier Reef* verfärbten sich die leuchtenden Korallen über Hunderte von Kilometern kreideweiß. Ein Massensterben der Hälfte des australischen *Great Barrier Reefs* folgte in den Jahren 2016 und 2017 auf die Erwärmung, und das Riff wird sich davon möglicherweise nie wieder vollständig erholen.[89] Korallenbleiche tritt auf, wenn die Korallen durch veränderte äußere Bedingungen, wie z. B. die Erwärmung des Wassers, unter Stress geraten. Sie reagieren darauf, indem sie die Algen ausstoßen, die in ihrem Inneren leben. Die Algen versorgen die Korallen mit Nahrung und geben ihnen ihre Farbe. Wenn sie diese ausstoßen, werden die Korallen weiß und zudem todkrank. Der Mensch trägt mit seinen Treibhausgasemissionen wesentlich zur Erwärmung der Gewässer bei, die diese Schäden verursacht.[90] Korallen können sich zwar von der Bleiche erholen, brauchen dafür aber kühleres Wasser und konstante Bedingungen, und es kann Jahrzehnte dauern.

### Was ist eine Koralle?

Was wir oft als Korallen bezeichnen, sind eigentlich die sogenannten Skelette der Weißen und der Roten Koralle. Tatsächlich sind Korallen winzige Nesseltiere. Ihre weichen Körper (Polypen genannt) haben eine runde Basis mit Tentakeln, die in das Wasser ragen. Die Korallenpolypen bewegen sich, indem sie sich ausdehnen und zusammenziehen. Steinkorallen bilden durch Einlagerungen von Kalk die Skelette und bauen so Schicht um Schicht die gigantische Meeresarchitektur der Riffe auf. So schaffen sie den Lebensraum für Fische, Seeigel, Schwämme, Haie, Rochen, Hummer, Tintenfische, Schnecken und vieles mehr.

## Überfischung, Verschmutzung und Ablagerungen

Neben der Erwärmung der Ozeane erschweren auch andere Bedrohungen die Erholung der Korallenriffe. Überfischung und andere zerstörerische Praktiken des Menschen in der Umgebung der Riffe führen zu einem Rückgang des Fischbestands, was für die Riffe katastrophal sein kann. In einem gesunden Korallenriff-Ökosystem ernähren sich die Fische von den Algen. Ohne sie lagern sich die Algen um die Korallen herum ab, ersticken sie und blockieren das Sonnenlicht, was zum Untergang der Riffe führt. Auch die von uns verursachte Verschmutzung durch Plastik, Industrie- und sonstige Abwässer und Öl vergiftet die Riffe. Wenn der durch menschliche Bautätigkeit, Abholzung und Bergbau verursachte Schmutz von Stränden und Flüssen ins Meer gelangt, werden die Riffe zudem durch die Sedimentablagerungen erdrückt.

Verschmutzungen, Sedimente, Giftstoffe, Chemikalien und überschüssige Nährstoffe gelangen in Bäche und Flüsse, die sie wiederum ins Meer transportieren. Dies beeinträchtigt die Habitate an der Küste, etwa die Gezeitentümpel, und ist besonders schädlich für die Korallenriffe. Korallen brauchen verschmutzungsfreies Wasser, um zu überleben, da Korallenbleiche, Übersäuerung und andere Krankheiten ihren Tod bedeuten.

→

Die Struktur eines Korallenriffs besteht aus Tausenden von Polypen. Die Illustration zeigt die grundlegende Anatomie eines einzelnen Polypen – das ist der Teil im System, der von der Korallenbleiche betroffen ist. Die Bleiche tritt auf, wenn Korallen Algen ausscheiden, die in ihrem Gewebe leben. Dies geschieht, wenn das Meer zu warm wird und die Koralle unter Stress gerät.

# Anatomie *einer* Koralle

- SCHLUNDROHR
- POLYPEN
- TENTAKEL
- GASTRALRAUM/MAGEN
- VERBINDENDE GEWEBESCHICHT ZWISCHEN DEN POLYPEN
- MESENTERIAL-FILAMENTE/VERDAUUNGSFÄDEN
- SKELETT DES POLYPEN

Auch der Mensch trägt dazu bei, dass unsere Ozeane in alarmierendem Tempo übersäuert werden. Durch alltägliche Aktivitäten wie Autofahren oder Stromverbrauch wird Kohlendioxid in die Luft ausgestoßen, das auch von den Ozeanen absorbiert wird. Dies macht es den Korallen schwer, ihre Riffe aufzubauen. Wenn das Wasser einen bestimmten Säuregrad erreicht, beginnen die Riffe, sich aufzulösen. All diese Probleme verstärken sich gegenseitig und verhindern, dass sich die Korallen von der Bleiche erholen. Damit werden sie auch insgesamt anfälliger für tödliche Krankheiten.

## DIE BEDEUTUNG VON KORALLEN

Korallen sind mehr als bewundernswerte Architekten der Meereswelt, sie sind für uns und unseren Planeten unverzichtbar. Nicht nur, dass sie uns wunderbare Möglichkeiten für Freizeitaktivitäten wie Schnorcheln geben, vor allem schützen sie die Küsten vor Sturmschäden und unterstützen die lokale Wirtschaft. Wir nutzen sie zudem als Nahrungsquelle und in ihren Ökosystemen wurden medizinische Wirkstoffe entdeckt. Mehr als einer halben Milliarde Menschen bieten Korallenriffe Ernährung, Einkommen und Schutz. Um das Ausmaß des Nutzens von Korallenriffen zu erfassen, ist es hilfreich, ihn zu beziffern: Der wirtschaftliche Nettowert der weltweiten Korallenriffe wird auf fast zehn Milliarden US-Dollar pro Jahr geschätzt.[91] Aber natürlich müssen wir auch berücksichtigen, welchen unbezahlbaren Wert sie an sich haben als natürliche Schätze unserer Ozeane.

> Gott hat seine Schöpfung so angelegt, dass sie im Miteinander funktioniert.

# EINE BIBLISCHE PERSPEKTIVE

Gott hat seine Schöpfung so angelegt, dass sie im Miteinander funktioniert. Wenn alles im Gleichgewicht ist, können die Ergebnisse absolut umwerfend sein. Die Korallen bestehen nämlich aus mehreren Arten, die eng und harmonisch zusammenleben. Algen und Korallen brauchen einander zur Ernährung und zum Schutz – ohneeinander können sie nicht überleben.

## Symbiotisches Ökosystem

Diese symbiotische Beziehung zwischen Mikroorganismen und Fauna verleiht den Korallen auch ihre charakteristischen leuchtenden Farben. Gott sah, dass es gut ist, die praktischen Bedürfnisse von Korallenriffen auf eine Weise zu erfüllen, die sie zugleich faszinierend macht. Er sorgt nicht nur für die Bedürfnisse seiner Geschöpfe, er macht seine Schöpfung gleichzeitig wunderschön.

Wie kann uns diese symbiotische Unterwasserwelt lehren, mit der Natur umzugehen? Angesichts der Tatsache, dass etwa 40 Prozent der Weltbevölkerung in Küstennähe leben, müssen wir Christen uns für die Symbiose einsetzen, die Gott in diesen Ökosystemen angelegt hat. So viele Menschen arbeiten, spielen, lernen, fischen, essen und leben in unmittelbarer Nähe dieser erstaunlichen Lebensräume und teilen sich diesen Raum mit so vielen anderen Lebewesen. Wir müssen anerkennen, dass wir in einer Beziehung zu diesen Riffen stehen und dass wir mit der Möglichkeit gesegnet sind, sie zu erhalten. Korallenriffe sind Gottes Unterwassergärten und ein Vermächtnis seines schöpferischen Werks, das wir bewahren sollen.

Ein eher seltener, aber dennoch nennenswerter Grund, warum Christen zögern, sich für die Natur zu engagieren und die Freude daran zu genießen, ist die Angst, damit die Natur zu einem Götzen zu machen. Um unser Urteilsvermögen zu diesem Thema zu schärfen, ist es hilfreich, die christliche Grundhaltung dem gegenüberzustellen, was sie nicht ist – dem Pantheismus. In seiner vereinfachten Definition ist Pantheismus der Glaube, dass alles Gott ist. Es wird kein Unterschied zwischen Gott und dem Universum gemacht.

Das entscheidende Merkmal christlicher Schöpfungstheologie liegt darin, dass sie sowohl Gottes Transzendenz als auch seine Immanenz vertritt. Mit anderen Worten: So geheimnisvoll nahe (immanent) sein Geist den Lebewesen und der gesamten Natur ist, so sehr ist er doch letztlich von ihr wesensmäßig getrennt (transzendent). Gott wurde Teil des physischen Gefüges des Universums und »zog die Materie an«, als er in Jesus Mensch wurde. Wenn unsere Wertschätzung für die Schönheit der Natur sich mit Dankbarkeit dafür verbindet, dass sie mit Christus verbunden ist, der sie uns auch geschenkt hat, können wir uns ungehindert an der Schöpfung freuen, zum Beispiel an den herrlichen Korallenriffen, und Gott dafür die Ehre geben.

### Gott vertrauen

Als Menschen, die beauftragt sind, die Schöpfung zu bewahren, sollten wir darauf achten, nicht zu viel von ihr zu nehmen. Das Streben nach Geld und die Vergötterung von Reichtum und Wohlstand ist Sünde. Die Ironie dabei ist, dass wir uns langfristig selbst schaden, wenn wir unsere Riffe achtlos überfischen oder uns für Verkehrsmittel entscheiden, die Kohlendioxid ausstoßen.

Derart gieriges Verhalten entspringt oft unserer Angst, nicht genug zu bekommen oder nicht versorgt zu sein. Aber an Gottes Plan in der Natur können wir sehen, dass er für uns sorgen wird, weil es seinem Wesen entspricht. Er ist ein Versorger. Schau dir die Riffe an. Die Korallen saugen mit ihren Tentakeln winzige Algen auf, die Seepferdchen haben ein Zuhause in den Ritzen und Winkeln der Riffe und die Clownfische finden Zuflucht in den Anemonen. Der evolutionäre Plan Gottes berücksichtigt und versorgt jedes einzelne Lebewesen in den Korallenriffen, und das Ergebnis ist wunderschön. Wie viel mehr wird sich unser himmlischer Vater um uns kümmern und uns die guten Dinge geben, die wir brauchen (Matthäus 7,11)? Wir können beruhigt sein in dem Wissen, dass Gott für seine Schöpfung sorgt. Dieser Trost kann uns dazu bewegen, der Natur, insbesondere den Riffen, gegenüber großzügig zu sein.

> In der Natur können wir sehen, dass Gott für uns sorgen wird, weil es seinem Wesen entspricht.

# WAS DU TUN KANNST

## Sanfter Tourismus

**BEACHTE DIE FOLGENDEN HINWEISE FÜR FREIZEITVERHALTEN UND TOURISMUS**

Der Küsten- und Meerestourismus sichert mehr als 6,5 Millionen Arbeitsplätze.[92] Allerdings können der Tourismus und die zunehmende Erschließung der Küstengebiete auch Ursache für eine weitere Schädigung der Küstenumwelt sein. Mach dir also Gedanken darüber, was du auf deiner Reise tust, und verlasse deinen Urlaubsort besser, als du ihn vorgefunden hast.

**TIPPS FÜR FREIZEIT UND TOURISMUS**

▶ Wenn du tauchst oder schnorchelst, solltest du die Korallen nicht berühren oder stören. Das Aufwirbeln von Sedimenten kann Korallen ersticken. Belasse es dabei, sie zu bewundern!

▶ Kaufe keine Korallenprodukte als Souvenirs. Such nach Andenken, die nicht aus dem Meer stammen und auch sonst ökologisch unbedenklich sind.

▶ Vermeide es, dein Boot in der Nähe eines Korallenriffs zu verankern oder zu vertäuen. Such zum Ankern sandigen Untergrund oder nutze die vorhandenen Anlegeplätze.

▶ Chemikalien in Sonnenschutzmitteln können sich im Korallengewebe anreichern und zu Ausbleichen, Schäden, Verformungen und sogar zum Tod führen. Schütze nicht nur deine Haut, sondern auch die Korallen – benutze nur meeresverträgliche Sonnenschutzmittel. Informiere dich im Internet darüber, welche Sonnenschutzprodukte unbedenklich sind.

**MACH DICH KUNDIG ÜBER NACHHALTIGE ENTWICKLUNG IN KÜSTENREGIONEN**

▶ Der Bau neuer Häuser, Unternehmen, Ferienanlagen und Hotels an der Küste erfordert Ausbaggerungen und intensive Bauarbeiten an den Stränden. Schmutz und Schutt können sich im Meer ansammeln und den Korallen das Sonnenlicht nehmen, was zu Bleiche und Tod führt.

▶ Küstenentwicklungsprojekte haben oft riesige Dimensionen. Es gibt dafür Vorschriften und Strategien, die eingeführt und/oder besser durchgesetzt werden müssen. Für die Küstengemeinden ist es wichtig, dass sie die Interessen ihrer Küstengebiete angemessen und wirksam vertreten können.

▶ Wenn du nicht in Küstennähe wohnst, solltest du als Tourist die Ferienanlage oder den Ort, an dem du dich aufhältst, auf Einhaltung von Umweltstandards überprüfen. Das Einleiten von Abwässern aus Touristenkomplexen ist ein großes Problem. Die Abwässer ersticken die Korallen, verursachen eine Überwucherung mit Algen und verhindern, dass sich die Korallen nach einer Bleiche erholen.[93] Erkundige dich nach den Abfallentsorgungsverfahren deines Reiseziels.

---

**Egal, wo du wohnst – werde Anwalt für die Riffe**

**VERHALTE DICH AUF DEINEM GELÄNDE GEWÄSSERFREUNDLICH**

▶ Ganz gleich, ob du im Binnenland oder an der Küste lebst, die Verbesserung deines örtlichen Wassereinzugsgebiets wirkt sich letztlich auf die Gewässer und Lebensräume flussabwärts aus.

▶ Vermeide den Eintrag von Chemikalien in die Gewässer, indem du auf den Einsatz von Düngemitteln, Pestiziden und Herbiziden verzichtest oder diesen erheblich reduzierst.

- Starte mit Freunden oder Leuten aus deiner Gemeinde eine Müllsammelaktion in deinem Umfeld. Legt dabei ein besonderes Augenmerk auf Abfall in der Nähe von Stellen, wo Regenwasser abfließt.

**MELDE DICH FÜR AUFRÄUMAKTIONEN AM STRAND**
- Egal, ob du an der Küste lebst oder nur im Urlaub ans Meer fährst, du kannst dich an Strand- oder Riffsäuberungsaktionen beteiligen (die beste Ausrede für einen Strandbesuch!).
- Besuche die Webseiten von NABU und BUND. Dort gibt es Informationen über Strandsäuberungsaktionen und Möglichkeiten, daran teilzunehmen.
- Informiere dich vor einem Urlaub am Meer über die Situation der Korallen vor Ort. Beispielsweise haben die Riffsysteme vor der Küste von Florida immer wieder mit Ausbrüchen von Korallenkrankheiten zu kämpfen und reagieren besonders empfindlich auf jede Form der Verschmutzung.

### Wähle nachhaltige Meeresprodukte

Achte darauf, dass die Meeresfrüchte und -fische, die du verzehrst, mit Methoden gefischt wurden, die nicht zum Zusammenbruch der Populationen beitragen. Fische sind ein wichtiger Bestandteil des Nahrungsnetzes an der Küste und helfen auch, Algen in Schach zu halten, die andernfalls die Korallen verdrängen und ersticken würden.

**KAUF MEERESFRÜCHTE UND -FISCHE NUR NACH SORGFÄLTIGER INFORMATION ÜBER DEREN HERKUNFT, UM ÜBERFISCHUNG ZU VERMEIDEN**
- Wir müssen nicht gänzlich auf Meeresfrüchte und Meeresfische verzichten, aber wir müssen sicherstellen, dass unsere Nahrung

aus nachhaltiger Produktion stammt, um Überfischung zu vermeiden.
▶ Achte auf verschiedene Zertifizierungssiegel, darunter *Marine Stewardship Council* (MSC), *Aquaculture Stewardship Council* (ASC), *Global Seafood Alliance*, *Best Aquaculture Practices* (BAP), *Friend of the Sea* und *Naturland*. Auf der Webseite der Verbraucherzentrale Deutschland finden sich Informationen über die verschiedenen Zertifizierungen und eine kritische Bewertung. Frage Einzelhändler und Restaurants nach ihren Bezugsquellen und bevorzuge regionale Produkte.
▶ Informiere dich online, welche Produkte aus nachhaltigen Fischereien stammen.

## Unterstütze gemeinnützige Organisationen

Die folgenden gemeinnützigen Initiativen arbeiten daran, dass Meeresschutzgebiete eingerichtet werden, und setzen sich für den Schutz der Korallenriffe ein:

▶ *Mission Blue* setzt sich für die Einrichtung von Meeresschutzgebieten ein, in denen Korallenriffe und andere wertvolle Meereslebewesen vor Fischerei und anderen potenziell schädlichen menschlichen Aktivitäten beschützt werden. Ähnlich wie bei Nationalparks werden so die Küstengebiete in ihrem ursprünglichen Zustand erhalten.

▶ Die *Coral Reef Alliance* hat es sich zur Aufgabe gemacht, Korallenriffe auf der ganzen Welt zu retten. Sie arbeitet mit Küstengemeinden zusammen, um die Bedrohung der Riffe zu verringern, z. B. bei der Abwasser- und Abfallentsorgung, und sie erforscht, wie sich Riffe an den Klimawandel anpassen, um Lösungen zu finden.

▶ *The Nature Conservancy* ist eine Organisation, die sich an vorderster Front für die Entwicklung lebendiger Küstenlinien einsetzt, um Küstengemeinden unter anderem bei der Vorbereitung auf den Anstieg des Meeresspiegels und starke Stürme zu helfen.

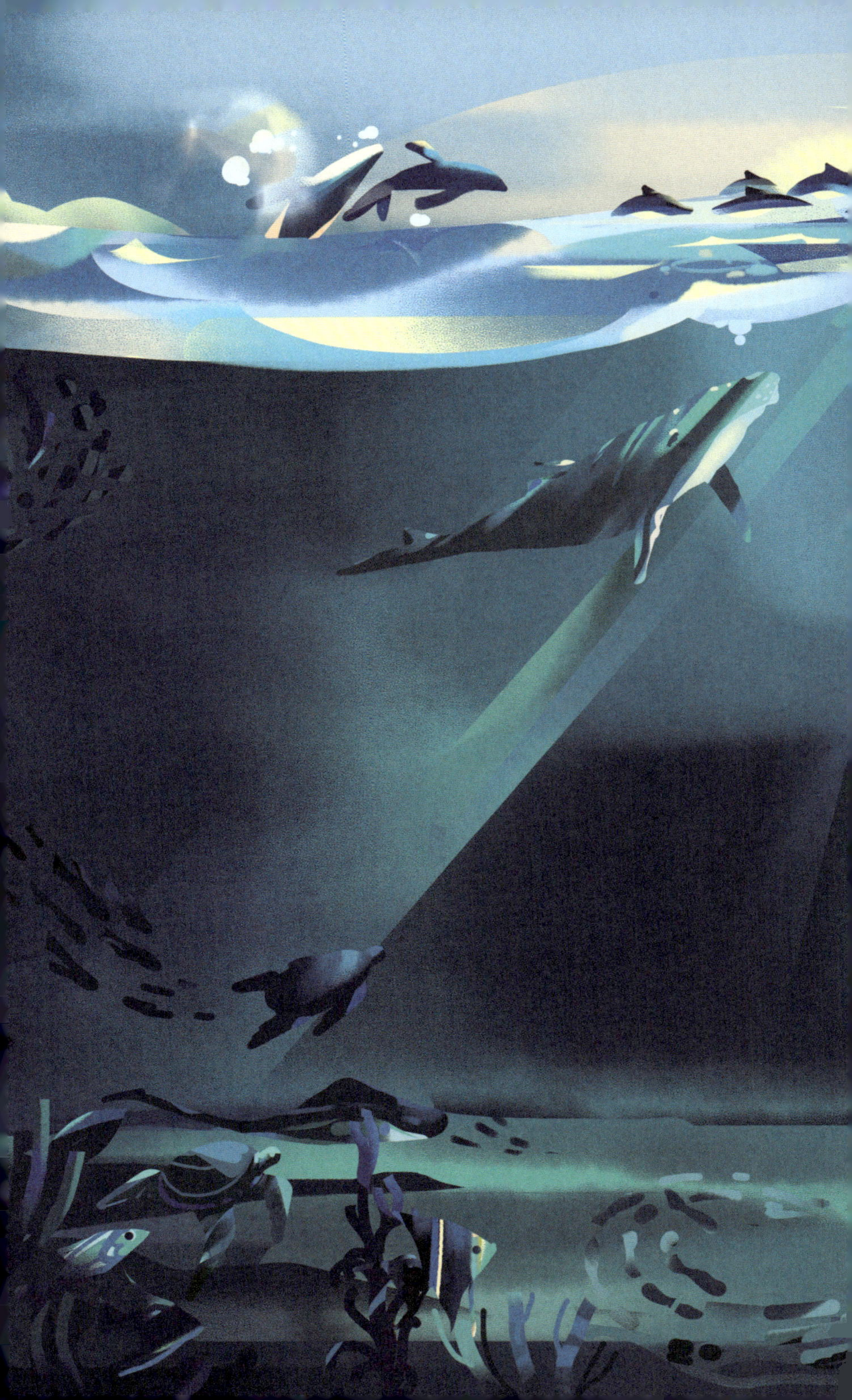

**KAPITEL 10**

# OZEANE

---

Unermessliche
und geheimnisvolle Gewässer

Dankt ihm, der die Erde über dem Wasser ausgebreitet hat. Denn seine Gnade bleibt ewig bestehen.
PSALM 136,6

Was siehst du, wenn du ans Meer denkst? Wellen, die an den Strand rollen? Ein ständig wechselndes Farbspiel von Blau- und Grüntönen, die sich bis zum Horizont erstrecken? Oder Wale, über denen Seevögel ihre Kreise ziehen? Die meisten von uns haben eine idyllische Vorstellung von den größten Gewässern unseres Planeten. Aber es ist eine traurige Tatsache, dass die Meere und der Ozean aufgrund von menschlichen Aktivitäten und unbedachten Entscheidungen leiden.

### Was ist der Ozean?

Der Ozean ist ein einziger gigantischer zusammenhängender Salzwasserkörper, der mehr als 70 Prozent der Oberfläche der Erde bedeckt. Wir teilen ihn geografisch in vier Regionen ein: den Pazifischen, den Atlantischen, den Indischen und den Arktischen Ozean. Etwa 97 Prozent des Wassers auf unserem Planeten Erde füllt die Ozeanbecken. Dieses Volumen fluktuiert innerhalb und zwischen den einzelnen Regionen durch Strömungen und Wirbel, d. h. große Systeme zirkulierender Meeresströmungen, die sich entweder im oder gegen den Uhrzeigersinn um die Ozeanbecken bewegen. Diese massiven Kräfte mischen die Wasser des Ozeans und beeinflussen seine Biologie bis hin zu den kleinsten Meeresbewohnern, dem Plankton.

Die Ozeane beherbergen ein reichhaltiges Meeresleben. Sie sind von entscheidender Bedeutung für den Verkehr und die Industrie. Und sie transportieren Nährstoffe und regulieren das Klima. Aber sie tragen auch unseren Müll. Aus diesem bilden sich Müllstrudel, die sich langsam drehen, die sogenannten Müllinseln. Die von uns verursachte Verschmutzung stört und zerstört das Leben auf allen Ebenen.

## DIE PROBLEME UNSERER OZEANE

Wir stehen vor etlichen Herausforderungen, wenn wir uns mit den Problemen unserer Ozeane befassen. Schauen wir uns an, wie wir das Problem von einer globalen Betrachtungsweise auf die individuelle Perspektive runterbrechen können.

### Verschmutzung

Die Verschmutzung unserer Meere ist ein großes Problem. Nach der Produktion landen 79 Prozent der Kunststoffe im Müll (oft schon nach einmaligem Gebrauch) und werden auf Deponien oder in der Natur »entsorgt«. Wenn wir keine Gegenmaßnahmen ergreifen und unser Verhalten nicht ändern, könnte bis 2050 auf drei Kilogramm Fisch im Meer ein Kilogramm Plastik kommen. Schätzungen zufolge gelangen jedes Jahr 19 bis 23 Millionen Tonnen Plastik in unsere Gewässer und Ozeane, das entspricht etwa dem Gewicht von 150 000 Blauwalen.[94] Dies führt zu den »Müllinseln« im Meer, einer Art »Müllsuppe«, in der der Müll herumschwimmt und von wo aus er das Wasser weiter verschmutzt.

Das größte Beispiel für einen Müllteppich im Meer ist der *Pazifische Müllstrudel*, der zwischen Hawaii und Kalifornien dahintreibt und etwa 4,5-mal so groß ist wie Deutschland. In allen fünf großen

Müllstrudeln konzentriert sich Meeresmüll, vor allem Plastik, der im Meer zirkuliert. Plastikmüll, der in Flüsse, Seen und Ozeane gespült wird, schadet der Meeres- wie der Süßwasserwelt auf vielfältige Weise.

Mikroplastik

Der größte Teil des Plastiks im Meer ist Mikroplastik – Plastik, das in sehr kleine Partikel zersetzt oder zermahlen wurde. Mikroplastik ist ein großes Problem, weil es von Fischen, Wasservögeln und anderen Meeresbewohnern verzehrt wird. Albatrosse zum Beispiel, diese riesigen Seevögel, die wie eine Mischung aus Möwe und Pelikan aussehen, gleiten mit geöffneten Schnäbeln über die Meeresoberfläche, um Nahrung aufzuspüren, aber stattdessen sammeln sie oft Plastik auf. Auf dem *Midway-Atoll*, einer Inselgruppe auf Hawaii, wurden verwesende Albatrosse mit Mägen voller Plastiksplitter und Flaschenverschlüsse gefunden. Ein schockierender Gedanke – ihre Mägen werden zu Müllsäcken für unseren Abfall.

Plastik wurde in 59 Prozent der Seevögel, in allen Meeresschildkrötenarten und in mehr als 25 Prozent der Fische in den Weltmeeren entdeckt.[95] Kleinere Partikel absorbieren bekanntermaßen auch Toxine aus der Umwelt. Wenn sie von Meerestieren aufgenommen werden, reichern sie sich in deren Systemen an und gelangen über die Nahrungskette bis zum Menschen. Plastikmüll kann auf diese verhängnisvolle Weise zu uns zurückkehren und unsere Gesundheit beeinträchtigen. Die pathologischen Auswirkungen etwa auf die Entstehung von Krebs werden derzeit noch erforscht.

Etwa 20 Millionen Tonnen Plastik gelangen jährlich in unsere Ozeane.

Versauerung der Ozeane (Kohlenstoffverschmutzung)
Eine andere Art der Verschmutzung, die sich negativ auf unsere Ozeane auswirkt, ist die Kohlenstoffverschmutzung. Das Problem der Ozeanversauerung tritt auf, wenn zu viel Kohlendioxid (aus Fahrzeugen und Industrieanlagen) in die Atmosphäre gelangt, das auf natürliche Weise von den Ozeanen absorbiert wird. Die Ozeane absorbieren etwa 30 Prozent des in die Luft abgegebenen $CO_2$.[96] Dies erhöht den Säuregehalt des Wassers und wirkt sich auf die Meeresfauna aus. Viele Meeresbewohner überleben nur bei bestimmten Säuregraden, und Schwankungen können sich nachteilig auswirken.

Dies gilt insbesondere für Arten, die auf Kalziumkarbonat angewiesen sind, um Schalen oder Gehäuse zu bilden (das sich unter saureren Bedingungen auflöst). Eine Art, die davon stark betroffen ist, haben wir bereits genauer betrachtet – die Korallen. Die Versauerung der Ozeane ist auch eine schlechte Nachricht für die Muscheln, die wir als Nahrungsquelle nutzen. Und schließlich sind bestimmte Arten von Plankton – winzige, frei schwimmende Organismen, die die Grundlage der Nahrungskette im Ozean bilden – durch die Versauerung des Wassers besonders gefährdet. Dies kann sich wiederum auf die Populationen von Fischen auswirken, die sich von Plankton ernähren, und dann auf größere Meerestiere wie Delfine und Robben, die auf diese Fische als Nahrung angewiesen sind.

Überfischung
Eine weitere Herausforderung für unsere Ozeane ist die Überfischung, das heißt, wir entnehmen den Meeren mehr Fische, als auf natürliche Weise ersetzt werden können. Die Fischbestände brechen zusammen, wenn wir nicht dafür sorgen, dass sich die Fischpopulationen wieder erholen. Die genaue Zahl ist unter

Naturschützern umstritten, aber die UNO schätzt, dass etwa ein Drittel der weltweiten Fischbestände überfischt ist.[97] Diese Praxis bedroht nicht nur die Fischereigebiete und die Menschen, die von der Fischerei leben, sondern auch unsere Ernährungssicherheit und die Proteinversorgung von Milliarden von Menschen auf der ganzen Welt. Fischfang an sich ist nicht falsch, aber es ist unklug und kurzsichtig, die Ressourcen zu erschöpfen. Wir stehlen damit von unserer Zukunft. In bestimmten Gebieten an den US-Küsten gibt es in letzter Zeit ermutigende Anzeichen dafür, dass sich einige Fischereigewässer dank der Durchsetzung einer nachhaltigen Fischerei erholen. Und wir können dazu beitragen, dass sich dieser Trend fortsetzt, indem wir nachhaltig produzierte Meeresfrüchte und -fische kaufen (s. Kapitel 9).

## DIE BEDEUTUNG DES OZEANS

Man kann gar nicht genug betonen, wie wichtig die Ozeane für die Gesundheit unseres gesamten Planeten sind. Die Ozeane tragen zur Klimaregulierung bei, indem sie die Wärme vom Äquator zu den Polen leiten. Etwa die Hälfte des auf der Erde produzierten Sauerstoffs stammt aus den Ozeanen, der Großteil von winzigem fotosynthetisierendem Plankton (Phytoplankton ist wirklich erstaunlich!).[98] Algenwälder und Seegraswiesen binden Kohlendioxid und sind ein wichtiger Bestandteil der Lösungen für den Klimawandel. Eine wichtige Maßnahme ist auch die Einrichtung sogenannter Meeresschutzgebiete mit Vorschriften wie Fischereiverbotszonen zum Schutz der Lebensräume im Meer (z. B. Korallenriffe und Seetangwälder), in denen die Bestände sich erholen können. Für Millionen von Menschen ist Fisch aus den Ozeanen die Hauptproteinquelle. Der Ozean beeinflusst unser Wetter, unsere Atmung und unsere Ernährung. Außerdem bietet er uns unerschöpfliche Möglichkeiten für Entdeckungen, zur Erholung und zum Staunen.

## EINE BIBLISCHE PERSPEKTIVE

Wenn du jemals an einem Strand gesessen und den Sonnenaufgang über der Weite des Ozeans beobachtet hast, dann hast du wahrscheinlich erlebt, wie ein irdischer Anblick Gefühle himmlischen Staunens auslösen kann. Das Wasser schimmert im Licht der Morgendämmerung, während der Himmel über dem scheinbar endlosen Horizont in Gold-, Orange-, Rot- und Rosatönen erstrahlt. Die Unermesslichkeit des Ozeans und seine unerforschlichen Tiefen versetzen uns in Ehrfurcht und helfen uns, Gott und seine Liebe besser zu erfassen.

> Wir stehlen von unserer Zukunft.

### Unsere Pflicht gegenüber anderen und der Erde

Viele Menschen werfen ihren Müll einfach auf den Boden, auf diese heilige Erde, die von einem heiligen Gott bewahrt wird. Hier haben wir Handlungsmöglichkeiten: Wir können den Müll anderer aufräumen – aus Liebe zu Gott und aus Respekt vor seinem Werk. So dienen wir Menschen auf eine Weise, von der sie vielleicht gar nichts wissen oder die sie nicht zu schätzen wissen. Aber für uns ist es eine Möglichkeit selbstloser Liebe gegenüber dieser Erde und gegenüber anderen Menschen.

# Mikroplastik *im* Ozean

**INDUSTRIE UND KRAFTWERKE**
Schadstoffverursacher

UV

Fischerei

**BIOAKKUMULATION**

Menschliche Nahrungsquelle

Makroplastik

Schadstoffe und Gifte

**ADSORPTION**

Zweitkonsument

Makroplastik

Die Müllberge in den Ozeanen zeigen, wie fahrlässig wir mit unserem übermäßigen Abfall und der Plastikverschmutzung umgehen. Als Christen sollten wir unseren Abfall reduzieren und Lösungen finden, um diese Erde zu reinigen und zu verschönern – zur Ehre Gottes und zu unserem eigenen Nutzen.

Staunenswerter Ozean

Wie jeder Teil der Natur gehorcht auch das Meer Gottes Plan und Befehl. Der Schöpfer hat den Ozean so konzipiert, dass er von den Kräften von Sonne und Mond, Luftdruck und Wind bewegt und aufgewühlt wird. Die periodische oder jahreszeitliche Anordnung von Erde, Mond und Sonne treibt die Winde an und verändert den Luftdruck rund um unseren Planeten, wodurch die Gezeiten schwanken, die Strömungen aufgewühlt und die Wassermassen in den Ozeanbecken in Wirbeln bewegt werden.

Gott hat diese Mechanismen in Gang gesetzt, sei es durch einen Lichtblitz beim Urknall oder ein anderes kosmisches Phänomen, das Sonne und Mond an ihren Platz brachte. Die Zyklen des Mondes werden durch Gottes vorausschauende Führung bestimmt. Die Neigung der Erdachse ist von Gott festgelegt. Wie ein geschickter

←

Mikroplastik – Teile, die kleiner sind als 5 Millimeter – kommt in den Ozeanen auf der ganzen Welt vor. Es entsteht, wenn größere Plastikteile durch Wellen, Wind und UV-Strahlung zerkleinert werden. Durch Adsorption binden sich Schadstoffe und Toxine an Mikroplastik. Durch die Aufnahme dieses Mikroplastiks steigen die Chemikalien in der Nahrungskette vom Plankton über kleine Fische, größere Fische und Säugetiere bis hin zum Menschen auf – ein Prozess, der als Bioakkumulation bezeichnet wird.

Mathematiker mit Winkelmesser und Kompass hat er die Umlaufbahn der Erde um die Sonne »gezeichnet«. All diese gewaltigen Kräfte wirken zusammen und erzeugen die Wind- und Wellenbewegungen auf unserem Planeten.

> Wie ein geschickter Mathematiker mit Winkelmesser und Kompass hat Gott die Umlaufbahn der Erde um die Sonne »gezeichnet«.

Es ist überaus bemerkenswert, dass Jesus, als er auf dieser Erde lebte, den Wellen und dem Wind Befehle erteilen konnte. Nur der Menschensohn konnte das tun. In Matthäus 8,27 heißt es: »Wer ist dieser Mann? Sogar Wind und Wellen gehorchen ihm!« Als Jesus die aufgewühlten Wellen stillte, führte das dazu, dass die Jünger ihn als den Christus erkannten. Auch wir können seine Macht und Autorität in der Größe und dem Geheimnis des Meeres erkennen. Jesus ist Herr über alle Gewässer, ihre Winde und Wellen.

### Geheimnisvoller Ozean

In der wissenschaftlichen Forschung, durch Warnungen vor der globalen Erwärmung, neue Expeditionen, Gebietsstreitigkeiten und internationale Debatten genießt der Ozean viel Aufmerksamkeit. Dennoch ist er noch weitgehend unerforscht, mehr als 80 Prozent müssen noch erkundet und kartiert werden.[99] Man spricht vom Weltraum als der letzten Grenze, aber es gibt noch so viele Geheimnisse der großen blauen Wasserbecken direkt hier auf unserem eigenen Planeten zu entdecken und zu erschließen.

In Psalm 104,25 heißt es: »Da ist der Ozean, groß und weit, in dem es von Leben aller Art wimmelt, von großen und kleinen Tieren.« Die Tiefen der Unterwelt im Atlantik, im Pazifik und im Indischen Ozean sind spannende Schauplätze, wo verborgene Kreaturen in tiefer Dunkelheit leben: Riesenkalmare, Leuchtfische, bizarre und riesige Meeressäuger. Hier begegnen wir dem erschreckend Erhabenen. Das Geheimnis des Ozeans zieht uns an und lädt uns ein, es zu erforschen.

Wenn wir Menschen nach und nach in jeden Winkel des Planeten eindringen und ihn erforschen, müssen wir dies behutsam und mit Ehrfurcht und Staunen tun. Gott lädt uns ein, mehr über die Werke seiner Hände zu erfahren, aber niemals nur zu unserem eigenen Nutzen oder mit Mitteln, die schädlich sind. Als Christen müssen wir mit einer Weisheit vorgehen, die an Gott Maß nimmt, um zu wissen, welche Forschungsprojekte wir mitfinanzieren und wie wir den Ozean am besten bewahren und für ihn sorgen können.

## WAS DU TUN KANNST

### Beachte diese Regeln: Vermeiden, Reduzieren, Wiederverwenden, Recyceln

Schätzungen zufolge gelangen jedes Jahr etwa 19 bis 23 Millionen Tonnen Plastik in unsere Gewässer und Ozeane. Das ist so, als würden jede Minute zwei bis drei Müllwagen voller Plastik in unsere Meere gekippt.[100] Jeder Einzelne kann dazu beitragen, dass nicht noch mehr Müll in die Meere gelangt, und das beginnt mit unseren täglichen Gewohnheiten.

**VERMEIDE EINMALPLASTIK**

▶ Die EU hat 2021 bereits viele Einwegplastikprodukte verboten.[101] Verzichte auch in Gaststätten auf Einwegplastik wie Plastikbecher für Eis oder Bier, Kaffeebecher aus Papier mit Plastikbeschichtung, Plastikwasserflaschen und Plastiktüten. Einwegplastik ist sinnlose Verschwendung! Meerestiere können sich in den Streifen von Plastiktüten verfangen und Meeresschildkröten verwechseln schwimmende Plastiktüten oft mit Quallen und versuchen, sie zu fressen.

▶ Kauf dir für unterwegs Nachfüllbehälter für Kosmetikprodukte in Reisegröße statt Miniflaschen (oder fülle Miniflaschen nach). Im Internet gibt es ein großes Angebot.

▶ Nimm deinen Lieblings-Reisekaffeebecher mit in den Coffeeshop oder genieße deine Lieblingskaffeesorten vorwiegend zu Hause. Auch so kannst du zu einer echten Kaffeekennerin und -genießerin werden.

▶ Vermeide Kaffeemaschinen mit Kapselbefüllung. Es gibt gute Alternativen – etwa Siebträgermaschinen, die Pads oder Kaffeepulver verwenden.

- Lebensmittelverpackungen gehören zu den häufigsten Abfällen, die bei den Säuberungsaktionen von *Ocean Conservancy* gefunden werden.[102] Nimm deine eigenen Einkaufstaschen mit zum Markt oder in den Supermarkt. Vermeide in Plastik verpackte Lebensmittel, wo immer möglich.
- Ersetze Frischhaltefolie durch Dosen oder wiederverwendbare Wachsfolien. Es gibt sie inzwischen in vielen attraktiven Designs und man kann sie auch selbst herstellen.
- Nimm eigene Behälter mit ins Restaurant, um dir ggf. Reste einpacken zu lassen. Auch Snacks oder Frühstücksbrote lassen sich besser in wiederverwendbare Boxen verpacken als in Plastiktüten.
- Reduziere deine Online-Bestellungen auf ein Minimum oder wähle Optionen, bei denen mehrere Lieferungen zusammengefasst werden.
- Kaufe wenn möglich größere Verpackungseinheiten, um die Menge an Lebensmittelverpackungen zu reduzieren, zum Beispiel Öl in 5-Liter-Kanistern.
- Kaufe Nachfüllpackungen für Reinigungsmittel, Shampoo und Duschgel oder überlege, auf Seife und festes Shampoo umzusteigen.
- Verwende Wäschebälle, -beutel oder -filter für die Waschmaschine, die Mikrofasern auffangen.

**WIEDERVERWENDEN UND RECYCLEN**

- Veranstalte Kleidertauschbörsen oder Flohmärkte im Freundeskreis oder in deiner Gemeinde. Was für dich »Abfall« ist, kann das neue Lieblingsstück deiner Freundin werden!
- Recycle alles, was du nicht vermeiden oder reduzieren kannst, wenn es dafür Möglichkeiten gibt.

## Verwende Plastikalternativen

In dem Maße, wie wir Müll vermeiden und reduzieren oder Materialien wiederverwenden, müssen wir auch die Produktion auf Alternativen zu Kunststoffen umstellen, die Hunderte von Jahren auf dem Planeten verbleiben. Es werden andere Optionen entwickelt und verbessert, die biologisch abbaubar und auch in ihrem Herstellungsprozess umweltfreundlicher sind.

**REINIGUNGSMITTEL**

▶ Über Reinigungsmittel mit geringer(er) Umweltbelastung kannst du dich im Internet informieren. Checke zum Beispiel die Seiten von Stiftung Warentest, ÖKO-TEST und Utopia. Achte beim Kauf auf das NCP-Siegel, das anzeigt, dass ein Produkt frei von Mikroplastik und Gentechnik und die Verpackung recyclebar ist.

**SHAMPOO, HAARPFLEGE UND KOSMETIK**

▶ Informiere dich über Pflegeprodukte ohne Mikroplastik.
▶ Oder beginne ein neues Hobby: Stelle deine Kosmetikprodukte selbst her. Dazu findest du zahlreiche Anleitungen im Internet und sicher auch im nächsten Biomarkt.

**VERWENDE GESCHIRR- UND REINIGUNGSTÜCHER OHNE MIKROFASERN**

▶ Wähle Baumwolltücher anstelle von Mikrofasertüchern oder Einweg-Papiertüchern. Sie lassen sich gut waschen. Eine Alternative dazu sind Bambusfasertücher, die aus den reichlich vorhandenen und schnell wachsenden Bambuspflanzen gewonnen werden. Informiere dich über Testergebnisse dazu im Internet.

**KOMPOSTIERBARE KÜCHENSCHWÄMME**
▶ Kauf farbstofffreie, kompostierbare Schwämme etwa aus Kokosfasern oder pflanzlicher Zellulose.

**SCHUHE AUS RECYCELTEN KUNSTSTOFFEN**
▶ *Giesswein* ist eine österreichische Schuhmarke, die Schuhe aus recycelten Materialien wie Wasserflaschen und Meereskunststoff herstellt. Auch andere Hersteller bieten inzwischen solche Modelle an.

## Beteilige dich an Meeresreinigungsaktionen

Die riesigen Müllberge in unseren Ozeanen zu beseitigen, scheint eine unlösbare Aufgabe zu sein. Aber es gibt Mega-Projekte wie den schwimmenden Müllsammler einer holländischen Firma, der von San Francisco aus ausgelaufen ist, um dem Pazifischen Müllstrudel zu Leibe zu rücken. Doch das Beste und Kostengünstigste, was jeder Einzelne tun kann, ist zu verhindern, dass noch mehr Plastikmüll in die Meeresumwelt gelangt.

**STRAND- UND KÜSTENREINIGUNGSAKTIONEN**
▶ Wenn du an den Strand gehst, nimm einen (umweltverträglichen) Behälter mit, um Abfälle aufzusammeln und das Gebiet besser zu verlassen, als du es vorgefunden hast. Du kannst auch Plastikmüll einsammeln, der in Strandnähe schwimmt.
▶ Setz dir selbst eine Challenge: Ich will auf null Abfall kommen. Beginne damit, jeweils ein paar Dinge wegzulassen, und steigere dich allmählich. Informiere dich im Internet bei www.zerowastegermany.de und auf Instagram über kreative Zero-Waste-Tipps.

## Unterstütze gemeinnützige Meeresschutzorganisationen und internationale Programme

Informiere dich über die folgenden Organisationen. Überlege, ob und wie du dich engagieren kannst und willst:

▶ *Oceana* konzentriert sich ganz auf den Schutz der Meere. Die Organisation setzt sich für die Einrichtung von Meeresschutzgebieten ein und hat bereits den Schutz von mehr als zehn Millionen Quadratkilometern Ozean erreicht. Ein weiteres Ziel ist der Schutz gefährdeter Meeresarten wie des Nordatlantikwals.

▶ *Ocean Conservancy* ist eine Interessengruppe, die sich für den Schutz des Lebensraums Ozean, die Förderung einer nachhaltigen Fischerei und die Verringerung des menschlichen Einflusses auf die Weltmeere einsetzt. Außerdem führt die Organisation jährlich internationale Strandsäuberungsaktionen durch.

▶ Die *Deutsche Stiftung Meeresschutz* setzt sich für das Leben in den Meeren ein. Mehr dazu findest du auf ihrer Homepage www.stiftung-meeresschutz.org.

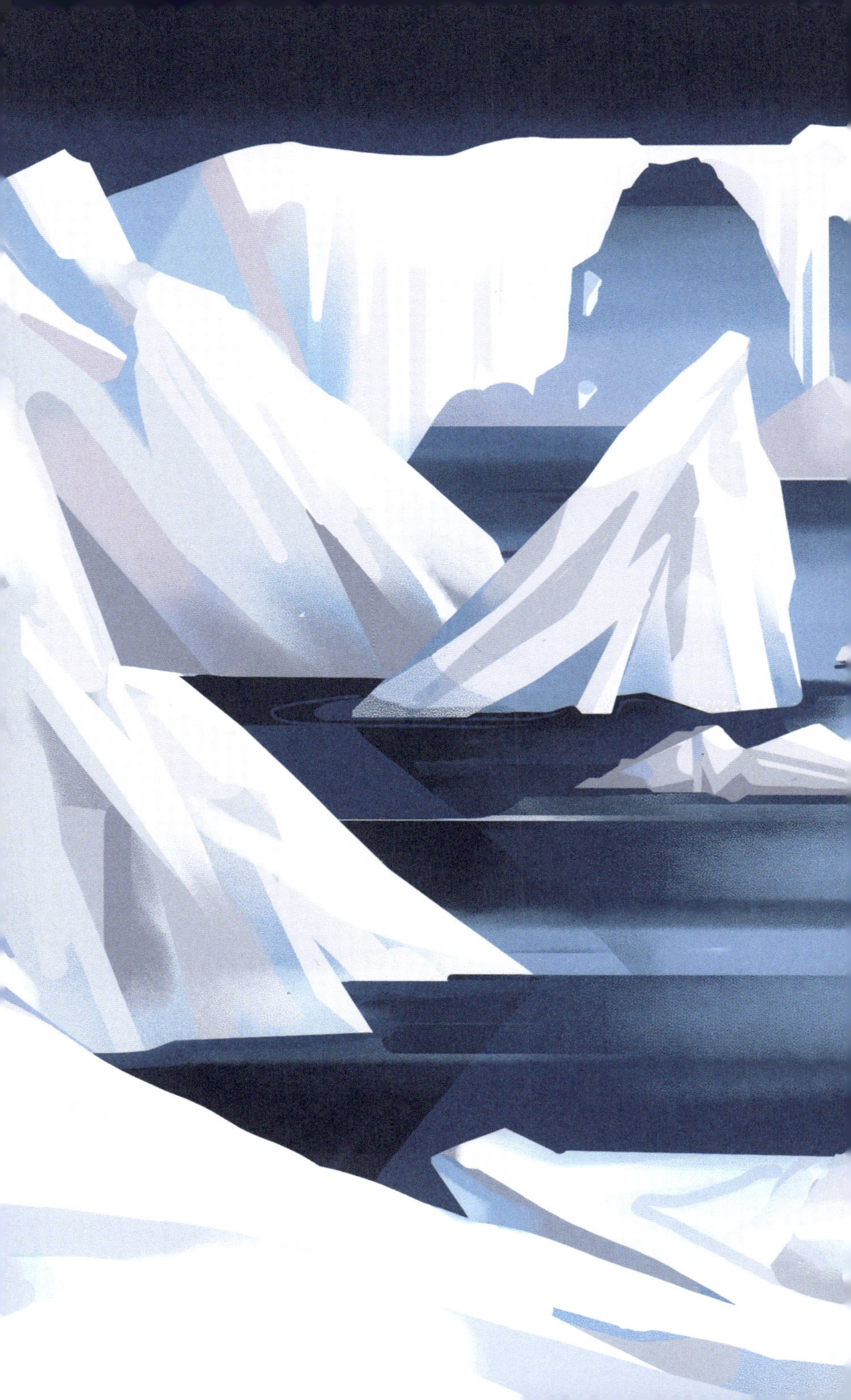

**KAPITEL 11**

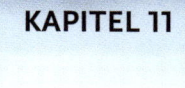

# DIE POLE UND DAS GLOBALE KLIMA

Die Zukunft unseres Planeten

Aus wessen Schoß kommt das Eis hervor?
Und den Raureif des Himmels, wer bringt ihn zur Welt?
Hiob 38,29

Die schnee- und eisbedeckten Pole unserer Erde schenken uns ein anschauliches Bild der hinreißenden, machtvollen Herrlichkeit Gottes. Ungeheure Weiten voll sauberem weißem Schnee glitzern im Licht der Sonne. Die Stoßzähne der Narwale ragen aus den Rissen im Eis, wenn sie nach Luft schnappen, und Polarfüchse tollen durch den weichen, lockeren Schnee und stürzen sich kopfüber hinein. Schneestürme entfalten ihre ungezähmte Kraft, und das Eis ist eine starke Festung.

### Was sind fossile Brennstoffe und Treibhausgase?

Fossile Brennstoffe sind versteinerte Ablagerungen von verwesenden Pflanzen und Tieren (deren Körper Kohlenstoff enthalten), die über Jahrtausende in der Erde Wärme und Druck ausgesetzt waren. Durch die jahrhundertelange Verbrennung fossiler Brennstoffe wie Kohle, Erdöl und Erdgas haben wir den natürlichen Gehalt an wärmespeichernden (Treibhaus-)Gasen in der Atmosphäre verändert. Treibhausgase hüllen den Planeten ein wie eine »Decke« und erwärmen ihn. Völlig ohne Treibhausgase – wie Kohlendioxid, Methan und Wasserdampf – wäre unser Planet gefroren, und es wäre kein Leben darauf möglich. In der richtigen Menge sind sie gut und notwendig.

Die Eiswüsten der Pole mögen uns vorkommen wie eine völlig andere Welt, aber tatsächlich sind sie eng mit unserem Alltag verwoben, bis hin zum Wind, den wir auf unserer Haut spüren. In der Nähe der Pole leben die wenigsten Menschen, aber egal, wo wir wohnen, das Klima verbindet uns mit den Polargebieten. Es besteht ein globaler Konsens: 97 Prozent der Wissenschaftler sind sich einig, dass sich das Klima der Erde in einem unnatürlichen Tempo verändert und dass dies größtenteils auf die Nutzung fossiler Brennstoffe durch die Menschheit und die Bindung von Treibhausgasen in der Atmosphäre zurückzuführen ist. Und diese Veränderungen spüren wir inzwischen auch dort, wo wir leben.[103]

## KOHLENSTOFFEMISSIONEN UND FOSSILE BRENNSTOFFE

Kohlendioxid und Methan gelangen durch Autos, Züge, Flugzeuge, Boote, Industrieanlagen, landwirtschaftliche Methoden und die Abholzung von Wäldern in die Luft. Die industrielle Revolution und die Nutzung fossiler Brennstoffe haben die Medizin vorangebracht, uns Elektrizität geschenkt, ungeahnte Reisemöglichkeiten eröffnet und vieles mehr. Doch die Kohlenstoffemissionen haben ihren Preis.

Der Planet verfügt über einen natürlichen Kreislauf und ein natürliches Gleichgewicht des Kohlenstoffs: Er wird in Pflanzen und Bäumen während der Fotosynthese gebunden, Tiere nehmen ihn auf, indem sie die Pflanzen fressen, und er kehrt schließlich als organisches Material in den Boden zurück (ein ähnliches System besteht zwischen der Atmosphäre und dem Ozean). Durch natürliches Austreten aus der Erdkruste und vulkanische Aktivitäten

»Gottes Schöpfung hat Fieber.«
*Dr. Katharine Hayhoe*

gelangt der Kohlenstoff allmählich wieder in die Luft (was jedoch nur ein Prozent der Kohlenstoffemissionen ausmacht).

Der Mensch entnimmt jedoch Kohlenstoff aus dem Boden (in Form von fossilen Brennstoffen) und bringt ihn in einem Ausmaß in die Atmosphäre ein, das die natürliche Welt noch nie zuvor bewältigt hat. Die engagierte Christin und renommierte Klimawissenschaftlerin Dr. Katharine Hayhoe sagt: »Gottes Schöpfung hat Fieber.«[104] Die Schmerzen und Symptome zeigen sich in schmelzenden Eisschilden und steigenden Meeresspiegeln sowie in einer Zunahme von Hitzewellen, Dürren, Stürmen, Überschwemmungen und Waldbränden weltweit.

## AUSWIRKUNGEN AUF NATUR UND MENSCH

Satellitenaufnahmen zeigen die schrumpfende Eisdecke in der Arktis. Das Eis schwankt von Natur aus mit den Jahreszeiten, aber das Sommereis in der Arktis schrumpft jedes Jahrzehnt um mehr als 13 Prozent.[105] Das Sommereis ist schon von Natur aus dünner,

→

Der Treibhauseffekt ist die natürliche Erwärmung der Erdoberfläche und der Atmosphäre, die durch Kohlendioxid, Methan, Wasserdampf und andere Gase oder Aerosole entsteht. Wie in einem Treibhaus wird die Strahlungswärme in unserer Atmosphäre eingeschlossen, weil bestimmte Gase das Sonnenlicht eindringen lassen, während sie verhindern, dass Wärme abgestrahlt wird. Der Mensch hat das natürliche Niveau der Treibhausgase in der Atmosphäre verändert und so diesen Treibhauseffekt verstärkt, was zu einer zusätzlichen Erwärmung führt.

# Der Treibhauseffekt

**NATÜRLICHER TREIBHAUSEFFEKT**

**VOM MENSCHEN VERURSACHTER TREIBHAUSEFFEKT**

SONNENEINSTRAHLUNG

MEHR WÄRME WIRD IN DEN WELTRAUM ABGESTRAHLT

WENIGER WÄRME WIRD IN DEN WELTRAUM ABGESTRAHLT

TREIBHAUSGASE ATMOSPHÄRE

MEHR TREIBHAUSGASE

$CO_2$  $CH_4$  $N_2O$

aber seine Untergrenze sinkt jedes Jahr mehr. Wohin fließt das geschmolzene Eis? Es sorgt für den Anstieg des Meeresspiegels, und das stellt für Städte und Gemeinden, die direkt an der Küste liegen, ein großes Problem dar.

Die riesigen weißen Schnee- und Eisflächen in den Polargebieten tragen zur Kühlung der Erde bei, indem sie die Sonnenenergie zurück ins All leiten. Wenn wir mehr Eis an den Polen verlieren, wird die weiße Oberfläche durch dunkles Ozeanwasser ersetzt, und damit schwinden unsere natürlichen Reflektoren. Stattdessen absorbieren die Gewässer die Wärme der Sonne wie schwarzer Asphalt an einem Sommertag. Der Verlust des reflektierenden Eises verstärkt die Erwärmung, und der problematische Kreislauf setzt sich auf dem Rest des Globus fort. Die Erwärmung wird durch die Abholzung der Wälder weiter vorangetrieben, da durch den Verlust der Bäume eines unserer wichtigsten Mittel zur natürlichen Aufnahme von Kohlenstoff aus der Luft wegfällt.

Satellitenaufnahmen zeigen die schrumpfende Eisdecke in der Arktis.

Weitere Auswirkungen – auf unsere Wasserversorgung, die Ernten und die Temperaturen – sind bereits zu beobachten und zu spüren. Der Sommer 2023 war weltweit betrachtet der mit Abstand heißeste seit Beginn der Aufzeichnungen 1940 und in Deutschland waren 2018 und 2022 die wärmsten Jahre seit Beginn der Wetteraufzeichnungen.[106] Hitzewellen nehmen an Anzahl und Ausmaß zu, und sie sind nicht nur unangenehm, sondern auch tödlich, vor allem für Menschen, die keinen Schutz vor der Hitze und keine Klimaanlagen haben. Extreme Wetterereignisse warnen uns ständig davor, auf welchem Weg wir uns befinden – in nur einem halben Jahrzehnt erreichten fünf (!) atlantische Hurrikane die Kategorie 5. Von Australien über Südeuropa bis Kalifornien begünstigt und verschärft die Erwärmung des Klimas Waldbrände, die Häuser und wichtige Lebensräume bedrohen. Der Klimawandel eskaliert bereits bestehende Probleme wie Wasserknappheit, Verlust der biologischen Vielfalt, Versauerung der Ozeane, Korallenbleiche und geringe Ernteerträge. Fast alle Umweltprobleme werden durch ihn verstärkt.

Ein wärmerer Planet wirkt sich auch auf unsere Gesundheit aus. Höhere Temperaturen begünstigen verschiedene Krankheiten, die durch Überträger oder Schädlinge wie Moskitos und Zecken verbreitet werden (West-Nil-Virus, Lyme-Borreliose und Dengue-Fieber). Durch Wasser übertragene Krankheiten wie Cholera nehmen ebenfalls zu, da Überschwemmungen und Sturmschäden zu Abwasserproblemen und Wasserverschmutzung führen.

## FOSSILE BRENNSTOFFE: EIN RISKANTES GESCHÄFT

Selbst ohne die Veränderungen, die mit der Erwärmung der Erde einhergehen, sind die Methoden, die wir zur Gewinnung und zum Transport fossiler Brennstoffe einsetzen, ökologisch riskant und oft gefährlich für die Arbeiter. Das unberührte Arctic National Wildlife Refuge (ANWR) ist das größte Wildnisgebiet der USA, Heimat indigener Stämme, Brutstätte für Eisbären und Karibus und Lebensraum für mehr als zweihundert andere Arten sowie zahlreiche Zugvögel.[107] Dieses Gebiet wird durch Bestrebungen der Ölindustrie bedroht, Schutzmaßnahmen aufzuheben und Bohrungen im Schutzgebiet freizugeben.

### Erdöl

Mit dem *Keystone-XL-Pipeline-Projekt* wollte man Erdöl über knapp 2000 Kilometer von Alberta in Kanada nach Nebraska in den USA transportieren. Die Auseinandersetzung darum dauerte ein Jahrzehnt; 2021 wurde das Vorhaben schließlich aufgegeben. Aber ähnliche Pipeline-Projekte sind noch in Planung. Öllecks und Ölverschmutzungen stellen dabei eine unmittelbare Bedrohung an Land und vor unseren Küsten dar. Bei der Havarie des Öltankers *Exxon Valdez 1989* vor der Küste Alaskas wurden der Prinz-William-Sund mit knapp 5 000 Kilometern Küstenlinie und weitere Küstenabschnitte mit mehr als 40 Millionen Litern Rohöl verschmutzt.

Fracking
Hydraulisches Fracking ist eine neuere Methode, bei der über Bohrungen mit hohem Druck Flüssigkeit in das Schiefergestein injiziert wird, wodurch die Gesteinsschichten aufgebrochen werden, um Gas und Öl zu fördern. In den USA hat dieses Verfahren die heimische Ölproduktion gesteigert und die Gaspreise gesenkt. Fracking ist wasserintensiv, es kann lokale Wasserquellen verunreinigen, und wir wissen immer noch nicht, welche negativen Auswirkungen es auf seismische Aktivitäten und Erderschütterungen hat.[108]

# EIN WEG NACH VORN

Eines der ersten Dinge, die du tun kannst, ist, deinen Kohlenstoff-Fußabdruck zu ermitteln. So erfährst du, woher die meisten deiner persönlichen Treibhausgasemissionen stammen und wo du durch Änderungen in deinem Lebensstil am meisten bewirken kannst. Es gibt viele Online-Tools (z. B. den WWF-Klimarechner), mit denen du deinen $CO_2$-Fußabdruck berechnen kannst und Tipps erhältst, wie du ihn weiter reduzieren kannst.

# ERNEUERBARE ENERGIEN

Noch immer leben mehr als 700 Millionen Menschen auf der Welt ohne Strom[109], und es wird Energie benötigt, um das Leben weltweit zu verbessern. Aber fossile Brennstoffe sind nicht mehr der Weg in die Zukunft. Die wirtschaftlichen Vorteile von Bohrungen an neuen Orten und der Bau teurer Infrastrukturen für den Transport stehen in keinem Verhältnis zu den Kosten, wenn sauberere, sicherere Alternativen zur Verfügung stehen.

Saubere oder erneuerbare Energie stammt aus kohlenstofffreien Quellen, die sich auf natürliche Weise erneuern, wie Sonnenlicht, Wind, Wasser und geothermische Wärme. Diese Optionen sind vielversprechend und werden ständig verbessert und erweitert. In saubere Energie zu investieren, sie zu kaufen und sie den Entwicklungsländern zur Verfügung zu stellen, ist ein erstrebenswertes Ziel. Der Energiesektor wird neue Arbeitsplätze und Unternehmen schaffen, die besser für die Menschen und den Planeten sind. Es ist an der Zeit, die Möglichkeiten in die Tat umzusetzen, die sich hier bieten.

## DIE NATÜRLICHE LÖSUNG UNSERES PLANETEN

Die Umstellung auf erneuerbare Energiequellen ist nur ein Teil der Gleichung zur Lösung des Problems der Erderwärmung. Sie kann unsere derzeitigen Emissionen stoppen, aber was tun wir mit dem Kohlendioxid, das bereits in die Atmosphäre gelangt ist? Die Antwort liegt in unserem Planeten selbst. Die Erde verfügt über natürliche Mechanismen zur Absorption und Bindung von Kohlenstoff – Feuchtbiotope, Bäume, Pflanzen, Gras, Seegras, Algen, Seetang und Boden. Sie alle werden als »Kohlenstoffsenken«

bezeichnet. Die Vegetation bindet Kohlenstoff durch Fotosynthese, und Mikroben und Pilze tragen dazu bei, die Pflanzen abzubauen und den Kohlenstoff im Boden zu binden. Die Wiederaufforstung der Erde, die Wiederherstellung von Feuchtbiotopen, der Schutz unserer Algenwälder und Seegraswiesen und die Umstellung auf eine regenerative Landwirtschaft waren Lösungen in früheren Kapiteln, und sie sind auch die Antwort auf die größte Herausforderung unserer Generation: den Klimawandel. Du hast Grund zur Hoffnung: Wir können es schaffen! Ein Planet mit klaren Wassern und satten Grünflächen ist unser Vermächtnis und unsere Verantwortung gegenüber künftigen Generationen.

## EINE BIBLISCHE PERSPEKTIVE

Gott hat unseren Planeten so gestaltet, dass innerhalb seines großen Klimasystems von Pol zu Pol alles eng miteinander verbunden ist. Was wir zu Hause tun, beeinflusst, was an den Polen und auf der ganzen Welt geschieht. Die wichtigste moralische Frage, um die es geht, ist folgende: Es sind die armen Bevölkerungsschichten, vor allem in den Entwicklungsländern, die am meisten unter dem Lebensstil leiden, den jeder von uns im Zusammenhang mit der Nutzung fossiler Brennstoffe wählt. Sie haben auch weniger Ressourcen, um mit Wirbelstürmen, Bränden, Dürren und Überschwemmungen fertigzuwerden, die durch den Klimawandel noch verschärft werden.

Unabhängig von der räumlichen Entfernung tragen wir eine Verantwortung für das Schicksal der polaren Ökosysteme und für die Menschen auf dieser Welt, die darunter leiden, dass sich ihre Heimat und ihre Lebensräume schneller verändern, als sie sich anpassen können. Als Christen können wir die Auswirkungen unserer täglichen Entscheidungen auf andere nicht ignorieren. Wir sollten als freundliche und bescheidene Menschen bekannt sein, denen die ganze Erde gehören wird (Matthäus 5,5), und nicht als die, »die Vernichtung über die Erde gebracht haben« und Gott sehr missfallen (Offenbarung 11,18). Verringern wir unseren Ölverbrauch, machen wir echte Schritte weg von fossilen Brennstoffen, unterstützen wir erneuerbare Energien und arbeiten wir gemeinsam daran, die Welt wieder ursprünglicher zu gestalten.

Was sagt dein Gewissen?

Es gibt viele Gründe neben dem Klimawandel, um den Wandel zur Nutzung sauberer Energiequellen voranzutreiben: die Luftverschmutzung, die Wasserqualität, die Risiken bei Ölbohrungen und die möglichen Katastrophen. Überlege, was du als zwingend und wichtig erachtest, und entscheide dann, welche Änderungen du vornehmen willst. Handle möglichst nicht aus Angst heraus, sondern verändere etwas, weil du davon überzeugt bist. Überzeugung ist ein beständiger, starker Motivator, wenn sie aus Liebe zu Gott und seiner Welt erwächst.

### Die Erlösung der Schöpfung

In Römer 8,22 wird bekräftigt und versichert, dass die Schöpfung in die letztendliche Erlösung einbezogen ist, auf die wir durch Christus zugehen: »Denn wir wissen, dass die ganze Schöpfung bis zu diesem Augenblick mit uns seufzt, wie unter den Schmerzen einer Geburt.« Wir sehen das an den Umweltkatastrophen, den Ausbrüchen von Krankheiten, dem schwindenden Polareis, an Hungersnöten und Überschwemmungen. Jesus kam auf die Erde und begann sein Werk der Heilung und Erneuerung, und wenn wir bei seiner Wiederkunft vollständig erlöst werden, wird auch die Schöpfung »von Tod und Vergänglichkeit befreit ... zur herrlichen

Freiheit der Kinder Gottes« (V. 21). Das ist unsere Hoffnung. Das ist der Gesamtentwurf des Evangeliums. Der Geist Gottes, der alles erneuert, wird jeden Winkel des Kosmos erreichen, von Pol zu Pol, und die endgültige, vollkommene Erlösung der Schöpfung wird die Herrlichkeit Gottes offenbaren, vor der sich alle Knie beugen werden.

In der Zwischenzeit sind wir berufen, uns in Christus und durch seinen Geist erneuern zu lassen. Wenn wir das tun, werden wir auch zu Erneuerern für unser Land und die Gemeinschaften, in denen wir leben. Die Welt braucht eine Ermutigung dazu, Hoffnung zu entwickeln und an einen Gott zu glauben, der aktiv rettet und erlöst. In einer Zeit wie dieser, in der die Nachrichten voll von Umweltproblemen sind und die Angst groß ist, haben wir die Möglichkeit, uns den Themen zuzuwenden, die das Leiden lindern, und einer Welt zur Seite zu stehen, die zu kämpfen hat.

Was wir heute tun, um die Erde zu erneuern und zu heilen, weist uns und anderen den Weg zu unserer zukünftigen Heimat, wenn Jesus wiederkommt. Unser zukünftiger Himmel auf Erden wird genau so sein, wie Gott es geplant hat, und die gesamte Schöpfung kann ohne Schmerz, Korruption oder Gier gedeihen. Niemand wird hungern, und es wird keinen Tod geben. Stattdessen wird jeder von uns auf seine eigene Weise mit allem, was wir tun, Gott ehren. Diese Hoffnung stärkt uns für die wichtige Aufgabe, die vor uns liegt: uns gut um diese Erde und die Menschen, die auf ihr leben, zu kümmern, jetzt und bis zum Beginn der neuen Schöpfung, einer Welt ohne Ende.

> Der Geist Gottes, der alles erneuert, wird jeden Winkel des Kosmos erreichen, von Pol zu Pol.

# WAS DU TUN KANNST

## Reduziere den Kohlenstoff-Fußabdruck deiner Wohnung

Der größte Teil unseres Energieverbrauchs findet in unseren Wohnungen statt – beim Heizen, Kühlen, Kochen und Waschen. Kleine Änderungen und energiesparende Projekte zu Hause können die Kohlendioxidemissionen reduzieren und die Betriebskosten senken.

**NIMM EINE ENERGIEBERATUNG IN ANSPRUCH**
- Viele Behörden, Energieversorger und Verbraucherzentralen bieten Energieberatungen für Privathaushalte an, bei denen der Energieverbrauch ermittelt und kosteneffiziente Möglichkeiten zur effizienteren Nutzung der Energie und zur Vermeidung von Energieverschwendung analysiert werden.

**SORGE FÜR GUTE WÄRMEDÄMMUNG**
- Eine wirksame Hausisolierung verhindert Energieverschwendung beim Heizen und Kühlen. Sie verhindert, dass unerwünschte Luft durch Fenster, Dächer, Türen, Wände und Fußböden in unsere Häuser ein- und ausströmt, je nach Material.
- Kaufe intelligente Thermostate, die energieeffizienter sind, die Emissionen senken und die Betriebskosten reduzieren. Es rechnet sich!

## Reduziere deinen Energieverbrauch zu Hause
- Trockne Wäsche auf einem Gestell oder einer Wäscheleine an der frischen Luft statt im Trockner.

- Wenn du einen Wäschetrockner verwendest, benutze Trocknerbälle aus Wolle, sie helfen dir, Energie zu sparen.
- Schalte das Licht aus, wenn du nicht im Raum bist. Drück den Schalter an der Steckdosenleiste oder zieh den Stecker aus der Steckdose, wenn du Geräte nicht benutzt.
- Öffne die Fenster oder benutze einen Ventilator, statt die Klimaanlage einzuschalten.

### Iss mehr Obst, Gemüse und Hülsenfrüchte

- Der Verzicht auf Fleisch ist auch im Blick auf das weltweite Klima eine große Hilfe! Die fleischlastige westliche Ernährung ist für ein Fünftel der weltweiten Emissionen verantwortlich.[110]
- Rinder geben Unmengen von Methan in die Luft ab. Die Viehzucht in Ländern wie Brasilien ist für die massive Abholzung der Wälder verantwortlich, und wir brauchen diese Bäume, um Kohlendioxid zu absorbieren. Das persönliche Opfer, weniger Hamburger zu essen oder sie von ethischen Unternehmen zu beziehen, zahlt sich aus.
- Wenn der Verzicht auf Fleisch für dich nicht infrage kommt, dann kaufe es bei Betrieben der regenerativen Landwirtschaft mit klimaneutraler Viehhaltung.

### Gestalte deinen Garten klimafreundlich

- Pflanze Bäume, Sträucher und andere einheimische Pflanzen in deinem Garten. Alle Pflanzen nehmen Kohlendioxid aus der Luft auf und speichern es in ihren Wurzeln, Blättern, Stämmen und Ästen.

- Obstbäume und Beerensträucher bieten frische Lebensmittel, die du direkt in deinem Garten ernten kannst. Das ist gesund, macht Spaß und ist gut für das Klima!
- Nach Angaben des *US Forest Service* binden Bäume 10 bis 20 Prozent der jährlichen Emissionen fossiler Brennstoffe in den USA.[111] Technologien zur Kohlenstoffbindung sind in der Entwicklung, aber wir haben natürliche Kohlenstoffspeicher in unseren Bäumen!

## Verringere deinen $CO_2$-Fußabdruck durch die Wahl deiner Verkehrsmittel

Mobilität ist ein fester Bestandteil unseres Lebens, und sie ist ein Geschenk. Wir sind ständig unterwegs zwischen Wohnung und Arbeit, Schule, Ausbildungsort oder Universität und zu zahlreichen anderen Anlässen. Wir können uns Gewohnheiten aneignen und Entscheidungen hinsichtlich unserer Verkehrsmittel treffen, die Emissionen reduzieren und andere vielleicht anspornen, mitzumachen.

**FLIEG WENIGER**

- Reise nur dann mit dem Flugzeug, wenn es nötig ist, und nimm wenn möglich über Online-Plattformen an Konferenzen oder Sitzungen teil.
- Viele Fluggesellschaften bieten Reisenden inzwischen die Möglichkeit, ihre durch den Flug verursachten Emissionen durch eine geringe Gebühr auszugleichen, die in emissionsmindernde Projekte fließt.

**NIMM ÖFTER DAS FAHRRAD**
▶ Radfahren ist eine gesunde, aktive und emissionsfreie Alternative zum Autofahren. Fahr mit dem Fahrrad zur Arbeit, zur Uni und zu anderen Zielen in der Nähe.

**NUTZE ÖFFENTLICHE VERKEHRSMITTEL ODER FAHRGEMEINSCHAFTEN**
▶ Bilde Fahrgemeinschaften mit Nachbarn, Kommilitonen oder Kollegen für den Weg zur Arbeit, zur Uni und für andere Besorgungen. Weniger Autos auf der Straße bedeuten weniger Emissionen.
▶ Nutze wenn möglich Bus, Bahn, U-Bahn oder andere öffentliche Verkehrsmittel.

**NUTZE FAHRZEUGE MIT ELEKTROANTRIEB**
▶ E-Fahrzeuge reduzieren die Treibhausgasemissionen, vor allem wenn die Stromquelle erneuerbar ist, und sie werden immer praktikabler und erschwinglicher.
▶ Der Umstieg von einem Benziner auf ein Elektroauto kann die Emissionen um 50 Prozent senken, wenn das Elektroauto aus dem herkömmlichen Stromnetz gespeist wird, und um 95 Prozent, wenn es mit Solarenergie betrieben wird.[112]

---

**Nutze erneuerbare Energieoptionen, um deinen Kohlenstoff-Fußabdruck zu verringern**
Der gesamte Energieverbrauch zu Hause trägt zu den Treibhausgasemissionen bei, wenn wir uns nicht für den Umstieg auf erneuerbare Energien entscheiden. Die Stromversorgung in Deutschland ist unterteilt in konventionelle Energie (Kohle, Erdöl und Erdgas) und

erneuerbare Energie oder Ökostrom (Quellen, die sich im Laufe der Zeit kontinuierlich erneuern, ohne sich zu erschöpfen).

**NUTZE ÖKOSTROM**

▶ Die Stromerzeugung aus konventionellen Energiequellen ist für 25 Prozent der weltweiten Treibhausgasemissionen verantwortlich.[113]
▶ Einige der wichtigsten erneuerbaren Energien mit vielversprechendem Wachstum und hoher Verfügbarkeit sind Solarenergie, Windenergie und Geothermie.
▶ Informiere dich, ob dein Stromanbieter auch einen Ökostrom-Tarif anbietet, und wechsele gegebenenfalls. Oder wechsele zum nächstmöglichen Zeitpunkt zu einem reinen Ökostrom-Anbieter. Einen Überblick über Ökostromanbieter und ihre Qualität findest du z. B. bei oekostrom-anbieter.info.[114]
▶ Installiere eine Solaranlage auf deinem Dach oder ein Balkonkraftwerk. Informiere dich über die regionalen oder bundesweiten Fördermöglichkeiten für Solarenergie.

## Unterstütze Maßnahmen für einen schnelleren Übergang zu erneuerbaren Energien

Unsere persönlichen Gewohnheiten im Blick auf unseren Energieverbrauch fallen durchaus ins Gewicht, aber das Energiesystem als Ganzes ist wie eine riesige Maschine, die seit Jahrzehnten mit fossilen Brennstoffen betrieben wird. Die Umstellung auf erneuerbare Energien ist mit Herausforderungen verbunden, doch wir können uns für einen gerechten und raschen Übergang zu sauberer Energie einsetzen.

**TRANSFER VON ARBEITSPLÄTZEN AUS DEM BEREICH FOSSILER ENERGIETRÄGER IN DEN BEREICH ERNEUERBARER ENERGIEN**

▸ Menschen, die ihren Lebensunterhalt im konventionellen Energiesektor verdienen, können geschult und auf eine Tätigkeit im Bereich sauberer Energien vorbereitet werden. Tritt ein für eine Politik, die derartige Umstellungsmaßnahmen begünstigt.

▸ Unterstütze die Verantwortlichen auf lokaler, Landes- und Bundesebene darin, Anreize für den Bau neuer energieeffizienter Häuser, die Installation neuer Ladestationen für Elektrofahrzeuge und die Versiegelung undichter Öl- und Gasbohrungen zu schaffen, dadurch werden auch Tausende neuer Arbeitsplätze geschaffen.

**PROTESTIERE GEGEN WEITERE OFFSHORE-FÖRDERUNG VON ÖL UND GAS**

▸ Ein Stopp der Neuverpachtung von Offshore-Öl- und -Gasvorkommen könnte die Freisetzung von mehr als 19 Milliarden Tonnen Treibhausgasen in die Atmosphäre verhindern.[115]

▸ Informiere dich über Fracking, Bohrungen und andere Maßnahmen im Zusammenhang mit fossilen Brennstoffen in deinem Umfeld. Wenn Energieprojekte zur Genehmigung anstehen, kannst du hinterfragen, ob diese Maßnahmen notwendig und vorteilhaft für die Gemeinschaft sind und ob die Mittel und Anstrengungen nicht besser für sauberere Alternativen verwendet werden sollten.

**TRITT EIN FÜR DIE EINHALTUNG DES PARISER KLIMASCHUTZ-ABKOMMENS**

▸ Im Rahmen des Pariser Abkommens hat die Bundesrepublik Deutschland sich verpflichtet, ihre Emissionen bis zum Jahr 2030 um 65 Prozent im Vergleich zu 1990 zu senken und bis zum Jahr 2045 Treibhausgasneutralität zu erreichen. Derzeit hinkt Deutschland der Erreichung dieser Ziele deutlich hinterher. Wir müssen unser Bestes tun, um die vereinbarten Ziele zu erreichen, ganz besonders angesichts der Tatsache, dass wir mit zu den Hauptverursachern von Treibhausgasen gehören. Erkunde Möglichkeiten, wie du auf lokaler oder überregionaler Ebene für entschiedenere Maßnahmen zur Einhaltung der Klimaschutzziele eintreten kannst.

**MACH DEN KLIMAWANDEL ZUM GESPRÄCHSTHEMA**

- Sieh dir mit Freunden oder mit deiner Familie Dokumentationen zum Thema an oder hört gemeinsam entsprechende Podcasts und sprecht darüber. Unter dem Stichwort »Podcasts Klimaschutz« findest du etliche Angebote.
- Auf dem YouTube-Kanal »Global Weirding« von Dr. Katharine Hayhoe erhältst du klare und hilfreiche Einblicke in die Fragen und Probleme, allerdings nur auf Englisch. Informiere dich im Internet, damit du besser gerüstet bist, Informationen weiterzugeben und andere zu motivieren, Veränderungen vorzunehmen.

## Unterstütze die Beseitigung von Ölverschmutzungen

Pipelinelecks, Explosionen bei Bohrarbeiten und Havarien von Öltankern können zu Ölkatastrophen führen. Seeotter, Meeresschildkröten, Pelikane, Delfine, Wale und viele andere Meerestiere werden von dem Öl umhüllt oder nehmen es auf, was zu Unterkühlung, Vergiftung, Erstickung und oft zum Tod führt. Ölverschmutzungen haben tragische Auswirkungen auf die Ökosysteme, die Fischerei und die Tourismuswirtschaft, und die Erholung von derartigen Katastrophen kann Jahrzehnte dauern.

**UNTERSTÜTZE AUFRÄUMARBEITEN BEI ÖLKATASTROPHEN**

▶ Die Hauptverantwortung für ein koordiniertes Unfallmanagement im Fall von großflächigen Ölkatastrophen vor deutschen Küsten liegt beim Havariekommando in Cuxhaven. Bei kleineren Vorkommen oder für die sogenannte »schleichende Ölpest« sind nur die lokalen Behörden zuständig.[116]

▶ Die Beseitigung von Ölverschmutzungen erfordert eine professionelle Ausbildung und Fähigkeiten. Menschen, die helfen, ohne entsprechende Kenntnisse zu besitzen, können zusätzlichen Schaden anrichten. Nur geschulte Helfer sollten Meerestiere retten und versorgen. Aber wenn es zu einer Ölpest kommt, werden möglicherweise Freiwillige benötigt, um Müll und andere Abfälle aufzusammeln, bevor die eigentliche Ölentfernung beginnt, oder um bei der Reinigung der Ausrüstung oder bei Verwaltungsarbeiten zu helfen. Erkundige dich bei staatlichen Freiwilligenprogrammen, der NOAA und dem U.S. Fish and Wildlife Service nach Möglichkeiten, wenn es zu einer Ölpest kommt.

▶ Nach einer ersten Reinigung verbleibt Öl in der Umwelt und erfordert Sanierungsprojekte, damit die Natur sich vollständig erholen kann. Im »Restoration Atlas« der NOAA findest du Projekte zur Wiederherstellung von Küstengebieten in deiner Nähe.

---

**Unterstütze gemeinnützige Organisationen, die sich für den Klimaschutz einsetzen**

Die folgenden Organisationen leisten gute Arbeit im Bereich des Klimaschutzes:

▶ *Tearfund Deutschland* konzentriert sich u. a. auf saubere Energie, Entwicklungszusammenarbeit und die Umsiedelung von Klimaflüchtlingen (Menschengruppen, die durch den Anstieg des

Meeresspiegels, Dürren und andere klimabedingte Krisen aus ihrem Lebensraum vertrieben wurden).
- Der Zweig *Disaster-Relief* von *House of Hope* ist im Bereich von Katastrophenhilfe und Katastrophenschutz tätig. Mehr Infos findest du unter *https://houseofhope.ngo/disaster-relief*.
- *World Renew* hilft bei der Bewältigung von Naturkatastrophen, bei der Bereitstellung von sauberer Energie und von Nahrungsmitteln. Der Schwerpunkt der Arbeit ist die Unterstützung von Familien und von lokalen Gemeinden bei ihrer Entwicklung.
- Wenn du dich aus christlicher Motivation für Klimaschutzarbeit engagieren möchtest, informiere dich über das Evangelical Environmental Network und YECA (Young Evangelicals For Climate Action).

# ANMERKUNGEN ZU DEN GRAFIKEN

---

## DIE GEFÄHRDUNG DER TIGER

- »Sunda Tiger«, World Wildlife Fund, Abruf September 2021, https://www. worldwildlife.org/species/sunda-tiger.
- »Tiger«, World Wildlife Day, Abruf September 2021, https://wildlifeday.org/content/factsheets/tiger.
- »Tigers«, Save Animals Facing Extinction, Abruf September 2021, https://saveanimalsfacingextinction.org/animals/tigers/.

## DIE ENTSTEHUNG VON MINERALIEN UND EDELSTEINEN

- »How Do Gemstones Form?«, Gem Rock Auctions, Abruf September 2021, https://www.gemrockauctions.com/learn/technical-information-on-gemstones/how-do-gemstones-form.

## GLOBALE LEBENSMITTELPRODUKTION UND VERSCHWENDUNG

- »8 Facts to Know About Food Waste and Hunger«, World Food Program USA, 10.08.2021, https://www.wfpusa.org/articles/8-facts-to-know-about-food-waste-and-hunger/.
- »Worldwide Food Waste«, United Nations Environment Programme, Abruf September 2021, https://www.unep.org/thinkeatsave/get-informed/worldwide-food-waste.

## DIE BEDEUTUNG VON BESTÄUBERN

- Emily Hoskins, »Pollinators by Number«, Green Bee, 11.06.2019, https://greenbeeohio.com/pollinators-by-number/.
- »Pollinator Friendly Cookbook«, Pollinator Partnership, Abruf September 2021, https://www.pollinator.org/pollinated-food.
- »Pollinators Need You. You Need Pollinators«, Pollinator Partnership, Abruf September 2021, https://www.pollinator.org/pollinators.
- »Globaler Bestäuberbericht«, Österreichisches Bundesministerium Klimaschutz, Umwelt, Energie, Mobilität, Innovation und Technologie, Abruf Oktober 2023, https://www.bmk.gv.at/themen/klima_umwelt/naturschutz/biol_vielfalt/bestaeuberbericht.html.

# DANKSAGUNGEN

Mama, danke, dass du mir die Liebe zu Tieren mitgegeben und mir gezeigt hast, wie man fürsorglich und liebevoll mit ihnen umgeht. Ich werde nie vergessen, wie du in unserem Vorgarten Marshmallows für die Waschbären ausgelegt hast (nicht die beste Taktik zur Wildtierfütterung, aber ich liebe dich dafür). Dad, danke, dass du mich schon früh ermutigt hast, mit dem Brainstorming für dieses Buch und dem Schreiben zu beginnen. Ihr habt euch darin ergänzt, meine wissenschaftlichen Studien und mein Herz für Gott zu unterstützen. Als Eltern seid ihr das Dream-Team!

Danken möchte ich auch Esther, meiner Mitbewohnerin und Freundin. Danke für deine anhaltende Ermutigung, während ich den Berg erklommen habe, ein Buch zu schreiben, vor allem für deine »Vision«, wie ich in einem weißen Overall hinaufjogge. Ich bin mir immer noch nicht sicher, was das bedeutet, aber es war auf jeden Fall ein ermutigendes Bild.

Eine dicke Anerkennung geht auch an meinen COVID-Krisenstab: Claire, Lize, Tim, Michael, Tristan, Justina und Mike. Ihr habt mich während der Pandemie mit eurer Kameradschaft, eurem

Lachen und damit, dass ihr die Meilensteine bei der Entstehung dieses Buchs mit mir gefeiert habt, bei Verstand gehalten (meistens). Lang lebe das »Tent Fort«.

Vielen Dank an alle meine Professoren in Yale: Professor Hare (für die Erinnerung an die Worte von Juliana von Norwich: »Alles wird gut sein und aller Art Dinge wird gut sein«); Professor Gordon (für die Erschließung der Geschichte des christlichen Glaubens, insbesondere der Beziehung zwischen Glaube und Wissenschaft); Professor Eitel (für Ihre Weisheit, Anleitung und Ermutigung in meinen schriftstellerischen und theologischen Studien); Professor Berger (für die Ermutigung, mich mit der ganzen Schöpfung Gottes zu beschäftigen – zum Lob Gottes); Professor Mary Beth Decker (für Ihren Kommentar zum Kapitel über die Ozeane und dafür, dass Sie mir geholfen haben, die Zirkulation des Ozeans und ihre biologischen Auswirkungen zu verstehen); Professor Shimi (dafür, dass Sie die Krabbe über den Sumpf geschleudert haben, als sie Sie gezwickt hat, und dafür, dass es Ihnen sehr wichtig war, dass wir etwas über Küstenökosysteme lernen); und Professor Freidenburg (für Ihre Kommentare zum Kapitel über Feuchtbiotope und Ihre Begeisterung für dieses Projekt, als ich noch nicht einmal Ihre Studentin war).

Besonderer Dank gilt Verlyn Klinkenborg und Chris Wiman, den Professoren, bei denen ich schreiben gelernt habe. Verlyn, danke für deine ehrliche Kritik, die mein Schreiben verbessert und meinen Glauben gestärkt hat. Chris, danke, dass du mir geholfen hast, an den Punkt zu kommen, wo ich anfangen konnte, über den neuen Himmel und die neue Erde zu schreiben.

Meinen beiden Wegbereitern, den Professoren Mary Evelyn Tucker und John Grim, danke ich für ihre Arbeit im Yale Forum on Religion and Ecology. Ich bin dankbar für Ihren Einsatz für die Bewahrung und Erneuerung dieses heiligen Planeten als Aufgabe der christlichen Gemeinde. Mein Dank gilt auch den engagierten Mitarbeitern von A Rocha USA und dem Evangelical Environmental Network für ihre Unterstützung und ihr Eintreten für dieses Buch.

Unendliche Wertschätzung gebührt meinen Lektorinnen Danielle und Bonnie. Danielle, dafür, dass du die Vision und Leidenschaft für dieses Buch mit mir geteilt hast, und für deine Ermutigung und die notwendige Erinnerung daran, dass es nicht mein Lebenswerk ist! Bonnie, du hast dieses Projekt auf brillante Weise organisiert und durchgezogen, und zwar in einem Ausmaß, das mir wohl nicht einmal bewusst ist. Danke vor allem, dass du die Bedeutung der praktischen Tipps hervorgehoben hast! Und dem Illustratorenteam – MUTI und Tiffany – danke ich dafür, dass ihr die Gedanken und dargestellten Lebensräume in diesem Buch auf eine Weise künstlerisch zum Leben erweckt habt, die dem ursprünglichen Künstler zur Ehre gereicht: Gott!

Ich danke meinem Schöpfer, der mich getragen hat, wenn die Last meiner Recherchen und die tägliche Konfrontation mit dem Schmerz dieser Erde und dem daraus resultierenden Leiden der Armen zu schwer wurde. Möge dieses Buch so viel Gutes bewirken, wie du damit im Sinn hast, um deine Schöpfung zu heilen und die Menschen aufzurichten, die durch Umweltzerstörung geschädigt werden. Ich bin (buchstäblich) ewig dankbar dafür, dass du diese Erde und den ganzen Kosmos durch Christus erneuern wirst.

Und nicht zuletzt danke an meinen Kater Aristoteles – mein treuer Begleiter während der vielen Tage und Nächte, in denen ich während der COVID-Pandemie in relativer Isolation an diesem Buch geschrieben habe. Du verdienst alle Lachsleckereien der Welt. Natürlich mit nachhaltig erzeugtem Lachs.

# ÜBER DIE AUTOREN

**Betsy Painter** ist Autorin und Naturschutzbiologin und setzt sich leidenschaftlich für Umweltschutz als Konsequenz ihrer christlichen Überzeugung ein. Sie hat an der Yale University Religion und Ökologie studiert und einen Schwerpunkt auf die Frage gelegt, wie sich die Hoffnung auf eine endgültige Erneuerung der Natur in der biblischen Erlösungserzählung auf unsere Hoffnungen für die Bewahrung unserer Welt heute auswirkt. Betsys ökologisches Forschungsinteresse gilt den Feuchtbiotopen. Sie genießt es, in Salzwiesen herumzustapfen und Plankton unter ihr Mikroskop zu legen. Sie lebt in New Haven, Connecticut, und gehört zur St. John's Anglican/Episcopal Church, besucht aber auch katholische und orthodoxe Gemeinden und engagiert sich für den ökumenischen Dialog über die Bewahrung der Schöpfung und deren Rolle bei der Förderung der Einheit innerhalb der Weltkirche.

**Mark Purcell** ist Geschäftsführer von A Rocha USA. Er ist seit 2008 Mitglied des Vorstands und seit 2016 Mitarbeiter der Organisation. Er kommt aus der Hochschulverwaltung und promovierte an der Seattle Pacific University im Bereich Bildung und Erziehung.

Mark war außerdem viele Jahre im Technologiesektor in Seattle tätig. Er ist begeisterter Vogelbeobachter und lebt mit seiner Frau Emily in Austin, Texas, wo sie die anglikanische Christ Church besuchen.

# ANMERKUNGEN

1 »1 in 3 People Globally Do Not Have Access to Safe Drinking Water – UNICEF, WHO«, World Health Organization, 18.06.2019. https://www.who.int/news/item/18-06-2019-1-in-3-people-globally-do-not-have-access-to-safe-drinking-water-unicef-who.
2 »QuickFacts: Flint City, Michigan«, United States Census Bureau. https://www.census.gov/quickfacts/fact/table/flintcitymichigan/PST045219, Abruf August 2021.
3 Melissa Denchak, »Flint Water Crisis – Everything You Need to Know«, NRDC, 08.11.2018. https://www.nrdc.org/stories/flint-water-crisis-everything-you-need-know.
4 Meera Subramanian, »India's Terrifying Water Crisis«, New York Times, 15.07.2019. https://www.nytimes.com/2019/07/15/opinion/india-water-crisis.html.
5 Anthony Acciavatti, »The Ganges Water Crisis«, New York Times, 17.06.2015. https://www.nytimes.com/2015/06/18/opinion/the-ganges-water-crisis.html?ref=international&_r=0; Simon Scarr et al.: »The Race to Save the River Ganges«, Reuters Graphics, 18.01.2019. https://graphics.reuters.com/INDIA-RIVER/010081TW39P/index.html.
6 »Eine Müllsammelaktion organisieren – Ihr Einsatz für saubere Meere, Flüsse und Seen«, NABU. https://www.nabu.de/natur-und-landschaft/aktionen-und-projekte/meere-ohne-plastik/gewaesserretter/31903.html, Abruf November 2023.

7 »Xeriscaping«, National Geographic, zuletzt aktualisiert 21.01.2011. https://www.nationalgeographic.org/encyclopedia/xeriscaping/.
8 Living Water International. https://water.cc/, Abruf November 2023.
9 Samaritan's Purse. https://www.die-samariter.org/projekte/internationale-programme/wash/, Abruf November 2023.
10 Swechha. https://swechha.in/, Abruf November 2023.
11 Z.B. hier: World Vision. https://www.worldvision.de/spenden/sinnvolles-schenken/wasserfilter, Abruf November 2023.
12 Sandra Díaz et al., »Summary for Policymakers of the Global Assessment Report on Biodiversity and Ecosystem Services of the Intergovernmental Science-Policy Platform on Biodiversity and Ecosystem Services«, IPBES, 2019. https://ipbes.net/sites/default/files/2020–02/ipbes_global_assessment_report_summary_for_policymakers_en.pdf.
13 Ebd.
14 Gerardo Ceballos, Paul R. Ehrlich, Peter H. Raven, »Vertebrates on the Brink as Indicators of Biological Annihilation and the Sixth Mass Extinction«, PNAS 117, Nr. 24 (Juni 2020).
15 »Tigers Only Found in Zoos by 2030?«, Endangered Species International. https://www.endangeredspeciesinternational.org/tigers.html, Abruf September 2021.
16 Kate Garibaldi, »Sea Otters«, Defenders of Wildlife. https://defenders.org/wildlife/sea-otter, Abruf September 2021.
17 »Snow Leopard Range Map«, Snow Leopard Conservancy, 2011. https://snowleopardconservancy.org/text/how/range.htm; »Action for Snow Leopards«, IUCN, 14.08.2020. https://www.iucn.org/news/eastern-europe-and-central-asia/202008/action-snow-leopards.
18 »Threats to African Elephants«, World Wildlife Fund. https://wwf.panda.org/discover/knowledge_hub/endangered_species/elephants/african_elephants/afelephants_threats/?, Abruf August 2021.
19 »Poaching for Rhino Horn«, Save the Rhino. https://w.w.savetherhino.org/rhino-info/threats/poaching-rhino-horn/, Abruf August 2021.
20 Muhammad Adnan Shereen et al., »COVID-19 Infection: Emergence, Transmission und Characteristics of Human Coronaviruses«, Journal of Advanced Research 24 (Juli 2020), S. 91-98.
21 Ping Liu et al., »Are Pangolins the Intermediate Host of the 2019 Novel Coronavirus (SARS-CoV-2)?«, PLOS Pathogens 16, Nr. 5 (Mai 2020).
22 LBV. www.lbv.de/ratgeber/tier-gefunden/fledermaus-gefunden/fledermaeuse-im-haus, Abruf November 2023.

23 »Giant Goldfish Problem in US Lake Prompts Warning to Pet Owners«, BBC News, 13.07.2021. https://www.bbc.com/news/world-us-canada-57816922.
24 BMUV. https://www.bmuv.de/download/vereinbarung-zum-umgang-mit-invasiven-arten.
25 US Wildlife Trafficking Alliance, US Fish & Wildlife Service, World Wildlife Fund und TRAFFIC, Caribbean Traveler's Guide. https://www.fws.gov/media/caribbean-travelers-guide-buyer-beware, Abruf November 2023.
26 »Rocks and Minerals: Everyday Uses«, Museum of Natural and Cultural History. https://mnch.uoregon.edu/rocks-and-minerals-everyday-uses, Abruf August 2021.
27 Megan R. Nichols, »5 Ways to Make Mining More Sustainable«, Empowering Pumps and Equipment, 18.02.2020. https://empoweringpumps.com/5-ways-to-make-mining-more-sustainable/.
28 »Green Mining«, Mission 2016: The Future of Strategic Natural Resources, MIT, 2016. https://web.mit.edu/12.000/www/m2016/finalwebsite/solutions/greenmining.html.
29 Michael Standaert, »China Wrestles with the Toxic Aftermath of Rare Earth Mining«, Yale Environment 360, 02.07.2019. https://e360.yale.edu/features/china-wrestles-with-the-toxic-aftermath-of-rare-earth-mining.
30 Richard Schiffman, »A Troubling Look at the Human Toll of Mountaintop Removal Mining«, Yale Environment 360, 21.11.2017. https://e360.yale.edu/features/a-troubling-look-at-the-human-toll-of-mountaintop-removal-mining; Sarah Saadoun, »The Coal Mine Next Door: How the US Government's Deregulation of Mountaintop Removal Threatens Public Health«, Human Rights Watch, 10.12.2018. https://www.hrw.org/report/2018/12/10/coal-mine-next-door/how-us-governments-deregulation-mountaintop-removal-threatens.
31 »Behind the Bling – Forced and Child Labour in the Jewellery Industry«, World Vision Australia. https://www.worldvision.com.au/docs/default-source/buy-ethical-fact-sheets/7185_dtl_factsheet_ jewellery_lr.pdf?sfvrsn=2, Abruf September 2021.
32 »Recycling – Wertvolle Rohstoffe aus abgelegten Handys«, informationszentrum-mobilfunk.de, 26.07.2022. https://www.informationszentrum-mobilfunk.de/2022/07/26/recycling-wertvolle-rohstoffe-aus-abgelegten-handys/; »Electronics Donation and Recycling«,

Environmental Protection Agency. https://www.epa.gov/recycle/electronics-donation-and-recycling, Abruf August 2021.
33 Jo Becker, Juliane Kippenberg, »The Hidden Cost of Jewelry – Human Rights in Supply Chains and the Responsibility of Jewelry Companies«, Human Rights Watch, 08. 02. 2018. https://www.hrw.org/report/2018/02/08/hidden-cost-jewelry/human-rights-supply-chains-and-responsibility-jewelry.
34 Ebd.
35 National Geographic Society, »Light Pollution«, National Geographic, 23. 07. 2019. https://www.nationalgeographic.org/article/light-pollution/.
36 »Visibility and Regional Haze«, Environmental Protection Agency. https://www.epa.gov/visibility, Abruf August 2021.
37 United Nations Environment Programme, »Towards a Pollution-Free Planet: Background Report«, UN Environment, 17. 09. 2017. https://wedocs.unep.org/bitstream/handle/20.500.11822/21800/UNEA_towardspollution_long%20version_Web.pdf?sequence=1&isAllowed=y.
38 Bruce Bekkar et al., »Association of Air Pollution and Heat Exposure with Preterm Birth, Low Birth Weight and Stillbirth in the US«, Journal of the American Medical Association, 18. 06. 2020. https://jamanetwork.com/journals/jamanetworkopen/fullarticle/2767260?utm_source=For_The_Media&utm_medium=referral&utm_campaign=ftm_links&utm_term=061820; Rachel M. Shaffer et al., »Fine Particulate Matter and Dementia Incidence in the Adult Changes in Thought Study«, Environmental Health Perspectives, Bd. 129, Nr. 8, 04. 08. 2021; »Air Pollution«, WHO. https://www.who.int/health-topics/air-pollution#tab=tab_1, Abruf August 2021.
39 Marcel Theroux, »The World's Dirtiest Air«, Unreported World, 29. 04. 2018. https://youtu.be/kUNuHxrd7Y0; »Mongolei – In Smog gehüllt«. Zeit.de, 21. 02. 2017. https://www.zeit.de/wirtschaft/2017-02/mongolei-smog-kohle-ulan-bator-fs.
40 »Air Pollution«, WHO.
41 Miranda Green, »EPA Scientists Find Black Communities Disproportionately Hit by Pollution«, The Hill, 23. 02. 2018. https://thehill.com/policy/energy-environment/375289-epa-scientists-find-emissions-greater-impact-low-income-communities.
42 NASA. https://apod.nasa.gov/apod/, Abruf November 2023.
43 Andreas Möller, »Polarlicht-Vorhersage für Deutschland«. https://www.polarlicht-vorhersage.de/, Abruf November 2023.

44 Umweltbundesamt. https://www.umweltbundesamt.de/themen/luft/luftqualitaet/app-luftqualitaet, Abruf November 2023.
45 »UN Report: Nature's Dangerous Decline ›Unprecedented‹; Species Extinction Rates ›Accelerating‹«, Sustainable Development Goals (blog), UN, 06. 05. 2019. https://www.un.org/sustainabledevelopment/blog/2019/05/nature-decline-unprecedented-report/.
46 »Yale Experts Explain Healthy Forests«, Yale Office of Sustainability, 16. 12. 2020. https://sustainability.yale.edu/explainers/yale-experts-explain-healthy-forests?utm_source=YaleToday&utm_medium=Email&utm_campaign=YT_YaleToday-Students_12–22–2020.
47 Mikaela Weisse, Elizabeth Dow Goldman, »We Lost a Football Pitch of Primary Rainforest Every 6 Seconds in 2019«, World Resources Institute, 02. 06. 2020. https://www.wri.org/insights/we-lost-football-pitch-primary-rainforest-every-6-seconds-2019.
48 »Forests and Poverty Reduction«, Food and Agriculture Organization of the United Nations, letztes Update 15. 05. 2015. http://www.fao.org/forestry/livelihoods/en/«; Deforestation and Forest Degradation«, World Wildlife Fund. https://www.worldwildlife.org/threats/deforestation-and-forest-degradation, Abruf August 2021.
49 Domingos Cardoso et al., »Amazon Plant Diversity Revealed by a Taxonomically Verified Species List«, PNAS 114, Nr. 40 (Oktober 2017), S. 10695-10700.
50 Encyclopedia Britannica, s. v. »Amazon Rainforest«. https://www.britannica.com/place/Amazon-Rainforest, Abruf August 2021.
51 »Deforestation and Forest Degradation«, World Wildlife Fund.
52 Gregory S. Cooper, Simon Willcock und John A. Dearing, »Regime Shifts Occur Disproportionately Faster in Larger Ecosystems«, Nature Communications 11, Nr. 1175 (März 2020); Fen Montaigne, »Will Deforestation and Warming Push the Amazon to a Tipping Point?«, Yale Environment 360, 04. 09. 2019. https://e360.yale.edu/features/will-deforestation-and-warming-push-the-amazon-to-a-tipping-point; Carlos A. Nobre et al., »Land-use and Climate Change Risks in the Amazon and the Need of a Novel Sustainable Development Paradigm«, PNAS 113, Nr. 39 (September 2016), S. 10759-10768; Robert Toovey Walker et al., »Avoiding Amazonian Catastrophes: Prospects for Conservation in the 21st Century«, One Earth, Bd. 1, Nr. 2 (Oktober 2019), S. 202-215.
53 »Tree of Life«, Bible Project, Abruf August 2021. https://bibleproject.com/learn/tree-of-life/.

54 Gabrielle Kissinger, Martin Herold und Veronique De Sy, »Drivers of Deforestation and Forest Degradation: A Synthesis Report for REDD+ Policymakers«, Lexeme Consulting, August 2012. https://assets.publishing.service.gov.uk/government/uploads/system/uploads/attachment_data/file/65505/6316-drivers-deforestation-report.pdf.
55 »Fairtrade Four«, Fairtrade America. https://www.fairtradeamerica.org/for-media/fairtrade-four/, Abruf August 2021.
56 »7 Everyday Foods from the Rainforest«, Rainforest Alliance, letztes Update 16.09.2017. https://www.rainforest-alliance.org/articles/7-everyday-foods-from-the-rainforest.
57 »The Search for Sustainable Palm Oil«, Rainforest Alliance, letztes Update 05.08.2019. https://www.rainforest-alliance.org/articles/search-for-sustainable-palm-oil.
58 Umweltbundesamt. https://www.umweltbundesamt.de/daten/ressourcen-abfall/verwertung-entsorgung-ausgewaehlter-abfallarten/altpapier, Abruf November 2023.
59 »Tropical Forests in Our Daily Lives«, Rainforest Alliance, letztes Update 05.12.2017. https://www.rainforest-alliance.org/articles/tropical-forests-in-our-daily-lives.
60 »Das gute Geschenk – Ein Hektar Wald«, World Vision e.V. www.worldvision.de/spenden/das-gute-geschenk/wald, Abruf November 2023.
61 »24 Billion Tons of Fertile Land Lost Every Year, Warns UN Chief on World Day to Combat Desertification«, UN News, 16.06.2019. https://news.un.org/en/story/2019/06/1040561.
62 Kevin Dennehey, »New Online Forest Atlas Tracks State of Global Forests«, Yale School of the Environment, 18.12.2014. https://environment.yale.edu/news/article/new-online-forest atlas-to-share-story-of-resources-worldwide/.
63 David Pimentel, »Soil Erosion: A Food and Environmental Threat«, Journal of the Environment, Development and Sustainability 8 (Februar 2006), S. 119-137.
64 »Part 1: Food Security and Nutrition Around the World in 2020«, Food and Agriculture Organization of the UN. http://www.fao.org/3/ca9692en/online/ca9692en.html#chapter-1_1, Abruf August 2021; Eric Holt-Giménez et al., »We Already Grow Enough Food for 10 Billion People ... and Still Can't End Hunger«, Journal of Sustainable Agriculture, Bd. 36, Nr. 6 (Juli 2012), S. 595-598; H. Charles J. Godfray et al., »Food Security: The Challenge of Feeding 9 Billion People«, Science, Bd. 327, Nr. 5967 (Februar 2010), S. 812-818.

65 »Worldwide Food Waste«, United Nations Environment Programme. https://www.unep.org/thinkeatsave/get-informed/worldwide-food-waste, Abruf September 2021.
66 Bundesministerium für Ernährung und Landwirtschaft. https://www.bmel.de/DE/themen/ernaehrung/lebensmittelverschwendung/studie-lebensmittelabfaelle-deutschland.html, Abruf November 2023.
67 »Grocery Industry Launches New Initiative to Reduce Consumer Confusion on Product Date Labels«, Consumer Brands Association, 15.02.2017. https://consumerbrandsassociation.org/posts/grocery-industry-launches-new-initiative-to-reduce-consumer-confusion-on-product-date-labels/.
68 Thorsten Mumme, »Rekord beim Textilmüll – jeder Deutsche wirft jährlich 4,7 Kilogramm Kleidung weg«. Tagesspiegel, 20.01.2020. https://www.tagesspiegel.de/wirtschaft/jeder-deutsche-wirft-jahrlich-47-kilogramm-kleidung-weg-4137076.html, Abruf November 2023.
69 »The Impact of a Cotton Tshirt – How smart choices can make a difference in our water and energy footprint«, World Wildlife Fund, 16.01.2013. https://www.worldwildlife.org/stories/the-impact-of-a-cotton-t-shirt, Abruf September 2021.
70 Simon G. Potts et al., »Summary for Policymakers of the Assessment Report of the Intergovernmental Science-Policy Platform on Biodiversity and Ecosystem Services on Pollinators, Pollination and Food Production« (Bonn: IPBES, 2016). https://ipbes.net/sites/default/files/spm_deliverable_3a_pollination_20170222.pdf.
71 Pollinator Partnership, »Pollinators Need You. You Need Pollinators«. https://www.pollinator.org/pollinators«, Abruf September 2021.
72 Caspar A. Hallmann et al., »More Than 75 Percent Decline Over 27 Years in Total Flying Insect Biomass in Protected Areas«, PLOS ONE 12, Nr. 10 (Oktober 2017), e0185809; Francisco Sánchez-Bayo und Kris Wyckhuys, »Worldwide Decline of the Entomofauna: A Review of Its Drivers«, Biological Conservation 232 (April 2019), S. 8-27.
73 Jamie Ellis, »The Honey Bee Crisis«, Outlooks on Pest Management 23, Nr. 1 (Februar 2012), S. 35-40.
74 Laura A. Burkle, John C. Marlin, Tiffany M. Knight, »Plant-Pollinator Interactions over 120 Years: Loss of Species, Co-Occurrence und Function«, Science, 29.03.2013, Bd. 339, Folge 6127, S. 1611-1615.
75 Sarina Jepsen et al., Conservation Status and Ecology of Monarchs in the United States (Arlington, VA and Portland, OR: NatureServe

and the Xerces Society, 2015). https://www.natureserve.org/sites/default/files/news-items/files/natureserve-xerces_monarchs_usfs-final.pdf.

76 »Bat Pollination«, US Forest Service. https://www.fs.fed.us/wildflowers/pollinators/animals/bats.shtml, Abruf August 2021.

77 »Passion for Pollinators«, Illinois Department of Natural Resources. https://www2.illinois.gov/dnr/education/Pages/PollinatorMain.aspx, Abruf September 2021.

78 Christian Schwägerl, »What's Causing the Sharp Decline in Insects und Why It Matters«, Yale Environment 360, 06.07.2016. https://e360.yale.edu/features/insect_numbers_declining_why_it_matters.

79 Susannah B. Lerman et al., »To Mow or to Mow Less: Lawn Mowing Frequency Affects Bee Abundance and Diversity in Suburban Yards«, Biological Conservation, Bd. 221 (Mai 2018), S. 160-174.

80 »Monarch Waystation Program«, Monarch Watch. https://www.monarchwatch.org/waystations/, Abruf August 2021.

81 Leonard Perry, »Beneficial Nematodes«, University of Vermont, Department of Plant and Soil Science. https://pss.uvm.edu/ppp/articles/ nemat.html, Abruf August 2021.

82 Natural Resources Conservation Service, »Restoring America's Wetlands – A Private Lands Conservation Success Story«, USDA. https://www.nrcs.usda.gov/Internet/FSE_DOCUMENTS/stelprdb1045079.pdf, Abruf August 2021.

83 »Wetlands Disappearing Three Times Faster Than Forests«, UN Climate Change News, 01.10.2018. https://unfccc.int/news/wetlands-disappearing-three-times-faster-than-forests.

84 Ebd.

85 »Coastal Wetlands – Too Valuable to Lose«, National Oceanic and Atmospheric Administration, letztes Update 22.01.2021. https://www.fisheries.noaa.gov/national/habitat-conservation/coastal-wetlands-too-valuable-lose.

86 »Einen Sumpfgarten anlegen«, NABU. https://www.nabu.de/umwelt-und-ressourcen/oekologisch-leben/balkon-und-garten/pflanzen/wildpflanzen/22975.html, Abruf November 2023.

87 »Shallow Coral Reef Habitat«, National Oceanic and Atmospheric Administration, letztes Update 21.01.2020. https://www.fisheries.noaa.gov/national/habitat-conservation/shallow-coral-reef-habitat.

88 National Institute for Mathematical and Biological Synthesis (NIM-BioS), »Study Projects Unprecedented Loss of Corals in Great Barrier

Reef Due to Warming«, ScienceDaily, 25.01.2015. https://www.sciencedaily.com/releases/2015/01/150122103242.htm.
89 »Coral Reef Ecosystems«, National Oceanic and Atmospheric Administration, letztes Update 01.02.2019. https://www.noaa.gov/education/resource-collections/marine-life/coral-reef-ecosystems; Terry P. Hughes et al., »Ecological Memory Modifies the Cumulative Impact of Recurrent Climate Extremes«, Nature Climate Change 9 (2019), S. 40-43; Andreas Dietzel et al., »Long-Term Shifts in the Colony Size Structure of Coral Populations Along the Great Barrier Reef«, Proceedings of the Royal Society B: Biological Sciences 287, Nr. 1936 (Oktober 2020).
90 »Coral Reef Ecosystems«, National Oceanic and Atmospheric Administration.
91 Ebd.
92 Robert Brumbaugh, »Healthy Coral Reefs Are Good for Tourism – and Tourism Can Be Good for Reefs«, World Economic Forum, 21.06.2017. https://www.weforum.org/agenda/2017/06/healthy-coral-reefs-are-good-for-tourism-and-tourism-can-be-good-for-reefs/.
93 »Managing Wastewater to Support Coral Reef Health, Resilience«, UN Environment Programme, 27.11.2018. https://www.unenvironment.org/fr/node/23977.
94 Roland Geyer, Jenna R. Jambeck, Kara Lavender Law, »Production, Use und Fate of All Plastics Ever Made«, Science, Bd. 3, Nr. 7 (Juli 2017), e1700782; »The New Plastics Economy: Rethinking the Future of Plastics«, World Economic Forum, Januar 2016. http://www3.weforum.org/docs/WEF_The_New_Plastics_Economy.pdf; »Plastikmüll im Meer – die wichtigsten Antworten«, WWF, 15.01.2020. https://www.wwf.de/themen-projekte/plastik/unsere-ozeane-versinken-im-plastikmuell/plastikmuell-im-meer-die-wichtigsten-antworten, Abruf November 2023.
95 Chris Wilcox, Erik Van Sebille, Britta Denise Hardesty, »Threat of Plastic Pollution to Seabirds Is Global, Pervasive und Increasing«, PNAS 112, Nr. 38 (August 2015), S. 11899-11904; Emily M. Duncan et al., »Microplastic Ingestion Ubiquitous in Marine Turtles«, Global Change Biology, Bd. 25, Nr. 2 (Februar 2019), S. 744-752; Chelsea M. Rochman et al., »Anthropogenic Debris in Seafood: Plastic Debris and Fibers from Textiles in Fish and Bivalves Sold for Human Consumption«, Scientific Reports 5 (2015).

96 »Ocean Acidification«, National Oceanic and Atmospheric Administration, letztes Update 01.04.2020. https://www.noaa.gov/education/resource-collections/ocean-coasts/ocean-acidification.
97 The State of World Fisheries and Aquaculture 2016: Contributing to Food Security and Nutrition for All (Rome: FAO, 2016). http://www.fao.org/3/i5555e/i5555e.pdf.
98 »Why Should We Care About the Ocean?«, National Ocean Service, NOAA. https://oceanservice.noaa.gov/facts/why-care-about-ocean.html, Abruf August 2021.
99 »Ocean & Coasts«, National Oceanic and Atmospheric Administration, letztes Update 24.08.2021. https://www.noaa.gov/oceans-coasts.
100 »Plastikmüll im Meer – die wichtigsten Antworten«, WWF, 15.01.2020. https://www.wwf.de/themen-projekte/plastik/unsere-ozeane-versinken-im-plastikmuell/plastikmuell-im-meer-die-wichtigsten-antworten.
101 »EU-Einwegplastikverbot«, NABU. https://www.nabu.de/umwelt-und-ressourcen/ressourcenschonung/kunststoffe-und-bioplastik/30215.html, Abruf Oktober 2023.
102 »Top Ten Items«, Ocean Conservancy, 09.05.2017. https://oceanconservancy.org/news/top-ten-items/.
103 John Cook et al., »Consensus on consensus – a synthesis of consensus estimates on human-caused global warming«, 13.04.2016. https://iopscience.iop.org/article/10.1088/1748-9326/11/4/048002.
104 Ann Neumann, »Katharine Hayhoe – God's Creation Is Running a Fever«, Guernica, 15.12.2014. https://www.guernicamag.com/gods-creation-is-running-a-fever/.
105 Richard L. Thomas, Jacqueline Richter-Menge, Matthew L. Druckenmiller (Hrsg.), Arctic Report Card 2020 (NOAA, 2020). https://arctic.noaa.gov/Portals/7/ArcticReportCard/Documents/ArcticReportCard_full_report2020.pdf.
106 Marlene Weiß, »Sommer 2023 war weltweit so heiß wie nie«, Süddeutsche, 06.09.2023. https://www.sueddeutsche.de/wissen/hitze-sommer-temperatur-rekord-klimawandel-1.6199594; »Klimatologischer Rückblick auf 2022«, DWD, 19.01.2023. https://www.dwd.de/DE/klimaumwelt/aktuelle_meldungen/230123/artikel_jahresrueckblick-2022.html.
107 »Wildlife & Habitat«, US Fish & Wildlife Service, letztes Update 05.11.2013. https://www.fws.gov/refuge/arctic/wildlife_habitat.html.

108 John Wihbey, »Pros and Cons of Fracking: 5 Key Issues«, Yale Climate Connections, 27. 05. 2015. https://yaleclimateconnections.org/2015/05/pros-and-cons-of-fracking-5-key-issues/.
109 »SDG7 – Data and Projections«, International Energy Association, Oktober 2020. https://www.iea.org/reports/sdg7-data-and-projections.
110 »Plant-Rich Diets«, Project Drawdown. https://drawdown.org/solutions/plant-rich-diets, Abruf August 2021.
111 Stephen R. Shifley et al., »Criterion 5 – Maintenance of Forest Contributions to Global Carbon Cycles«, in Forests of the Northern United States (Newtown Square, PA: USDA Forest Service Northern Research Station, 2012), S. 74-78. https://www.fs.fed.us/nrs/pubs/gtr/gtr_nrs90/gtr-nrs-90-chapter-5.5.pdf.
112 »Electric Cars«, Project Drawdown. https://drawdown.org/solutions/electric-cars, Abruf August 2021.
113 Ebd.
114 https://www.oekostrom-anbieter.info/oekostrom-zertifizierung, Abruf November 2023.
115 »Offshore Drilling Fuels the Climate Crisis and Threatens the Economy«, Oceana, Januar 2021. https://usa.oceana.org/publications/reports/offshore-drilling-fuels-climate-crisis-and-threatens-economy.
116 »Wie ist Deutschland auf Ölkatastrophen vorbereitet?«, Abruf Dezember 2023. https://www.fr.de/politik/deutschland-oelkatastrophen-vorbereitet-11669651.html.

Naomi Bosch, Ivana Karmiševic (Fotograf)

**Und dennoch pflanze ich einen Garten**
Wie wir in der Umweltkrise Samen der
Hoffnung säen

Was sollte, könnte, müsste man für die Umwelt tun? Hast du dich schon mal gefragt, was der Schöpfer selbst dazu denkt? Dieses Buch ist eine Einladung: Lerne Gott als Gärtner kennen! Denn Gottes Sehnsucht ist eine nachhaltige Veränderung unserer Herzen. Eine hoffnungsvolle Perspektive.

Klappenbroschur, 17 × 23,5 cm, 184 S.,
4-farbige Innengestaltung
Nr. 396.191 | ISBN: 978-3-7751-6191-6

**SCM**
Hänssler

Nicole Heymann, Yun-Mi Willems (Illustr.), Astrid Shemilt (Illustr.)

**Weltgestalter**
Wie wir als Kinder Gottes die Schöpfung nachhaltig prägen

Dieses Buch zeigt dir, warum Nachhaltigkeit viel weiter geht als Umweltschutz und Fairtrade! Es bedeutet vielmehr, verbunden zu leben – mit deinem Schöpfer, deinen Mitmenschen und der Natur. Entdecke dein gestalterisches Potenzial und du wirst anfangen, nachhaltiger zu leben.

Klappenbroschur, 13,5 × 21,5 cm,
272 Seiten, 2-farbig
Nr. 396.166 | ISBN: 978-3-7751-6166-4

SCM Hänssler

Dörte Heyn, EKD (Hrsg.)

## Bäume pflanzen, die in den Himmel wachsen
Mit 12 nachhaltigen Experimenten durch das Kirchenjahr

Werde zum Schöpfungsentdecker und erlebe die Verbindung zwischen Gott, Mensch und Natur. Entlang des Kirchenjahres findest du in diesem Buch geballte Nachhaltigkeit für Gemeinden, kirchliche Gruppen und Initiativen oder einfach für dich selbst: didaktisch aufbereitet, verortet im Glauben, gespickt mit Aha-Momenten und bunt illustriert. Ein Buch, das eine neue Begeisterung für unseren Schöpfer und seine Geschöpfe weckt.

Klappenbroschur, 13,5 × 21,5 cm, 176 Seiten
Nr. 227.001.014 | ISBN 978-3-4170-1014-5

**SCM**
R.Brockhaus